Tirso de Molina

El árbol
del mejor fruto

Barcelona **2024**
Linkgua-ediciones.com

Créditos

Título original: El árbol del mejor fruto.

© 2024, Red ediciones S.L.

 e-mail: info@linkgua.com

Diseño de cubierta: Michel Mallard.

ISBN tapa dura: 978-84-9897-339-6.
ISBN rústica: 978-84-9816-492-3.
ISBN ebook: 978-84-9897-192-7.

Sumario

Créditos _____ 4

Brevísima presentación _____ 7
    La vida _____7

Personajes _____ 8

Jornada primera _____ 9

Jornada segunda _____ 49

Jornada tercera _____ 93

Libros a la carta _____ 141

Brevísima presentación

La vida

Tirso de Molina (Madrid, 1583-Almazán, Soria, 1648). España.

Se dice que era hijo bastardo del duque de Osuna, pero otros lo niegan. Se sabe poco de su vida hasta su ingreso como novicio en la Orden mercedaria, en 1600, y su profesión al año siguiente en Guadalajara. Parece que había escrito comedias y por entonces viajó por Galicia y Portugal. En 1614 sufrió su primer destierro de la corte por sus sátiras contra la nobleza. Dos años más tarde fue enviado a la Hispaniola (actual República Dominicana) y regresó en 1618. Su vocación artística y su actitud contraria a los cenáculos culteranos no facilitó sus relaciones con las autoridades. En 1625, el Concejo de Castilla lo amonestó por escribir comedias y le prohibió volver a hacerlo bajo amenaza de excomunión. Desde entonces solo escribió tres nuevas piezas y consagró el resto de su vida a las tareas de la orden.

Personajes

Clodio, bandolero
Melipo, bandolero
Peloro, bandolero
Constantino, príncipe
Andronio
Maximino, padre de Irene
Un Paje
Cuatro soldados
Cloro, labrador
Lisinio, labrador
Nise, labradora
Mingo, villano
Elena, madre de Cloro
Irene, dama
Isacio, duque
Constancio, emperador viejo
Dos cristianos
Tres indios

Jornada primera

(Salen con máscaras Clodio, Melipo y Peloro, bandoleros, acuchillando a Constantino, de camino, y Andronio.)

Clodio	Rendíos, caballeros, que somos cuatrocientos bandoleros.
Melipo	¿Qué habéis de hacer tan pocos contra tantos, si no es que venís locos?
Constantino	Yo no rindo la espada a quien la cara trae disimulada. Quien de ella no hace alarde, traidor es, y el traidor siempre es cobarde; que, en fin, entre villanos, cuando las caras sobran, faltan manos; y será afrenta doble que se rinda a quien no conoce un noble; pues ser traidor intenta quien descubrir la cara juzga afrenta.
Peloro	¡Mataldos, caballeros!
Constantino	Mal conocéis, villanos, los aceros que aqueste estoque animan.
Andronio	Porque no te conocen, no te estiman. Diles quién eres.
Constantino	Calla, cobarde, que es honrar esta canalla mostrar tenerlos miedo. Cincuenta somos, y el valor que heredo,

basta.

Andronio   ¡Qué desatino!

Constantino   Villano, ¿es bien que tema Constantino
a cuatro salteadores,
cuando besan sus pies emperadores?
¡Mueran los foragidos!

Todos   ¡A ellos!

Peloro   Pocos son, pero atrevidos.

(Métenlos a cuchilladas.)

Constantino (Dentro.)   ¡Ay, Irene querida!
muerto soy.

Clodio (Dentro.)   Por callar, pierdes la vida.

Andronio (Dentro.)   Romanos, de la muerte
huyamos, que no es cuerdo el que por fuerte
la fortuna provoca,
que la temeridad pierde por loca.

(Salen los bandoleros, sacan a Andronio, y trae Clodio unas cartas y un retrato.)

Clodio   No harás, mientras repares
encubrirte, y quién eres no declares,
este retrato y pliego,
que alimentaba del difunto el fuego.

Andronio   Ya el callar, ¿qué aprovecha,

Fortuna en mis desdichas satisfecha,
si ha de decir la fama
lo que la lengua encubre y el mundo ama?
Al César Constantino habéis,
bárbaros, muerto, y al camino
saliéndole tiranos,
la esperanza quitáis a los romanos
del más noble mancebo
que vio en sus ojos coronado Febo.

Peloro   ¡Válgame Dios! ¿Qué dices?

Andronio   La hiedra de sus años infelices
en cierne habéis cortado,
en túmulo su tálamo trocado
a César con Irene,
por quien la Grecia luz y vida tiene.
Desde Roma venía,
viudo antes que casado; en este día
le llora el tiempo ingrato.
De Irene es el bellísimo retrato
que en aqueste trasunto
amor pintado paga amor difunto.
Huid de la venganza
de un monarca que a todo el mundo alcanza,
que su padre, el augusto,
tiene de procurar con amor justo,
en sabiendo la nueva
que mi desdicha y su rigor le lleva.

(Vase Andronio.)

Clodio   ¡Cielos! si aquesto es cierto,
todo el imperio ha de vengar el muerto.

¿Pues de qué traza y modo
podemos resistir al mundo todo?
Huyamos, bandoleros,
que no son muros estos montes fieros
para excusar castigos
de tantos y tan fuertes enemigos.

Melipo

No nos han conocido
con el disfraz, que nuestra vida ha sido,
y de estos desconciertos
no hay que temer, no siendo descubiertos.
Lo mejor es que huyamos,
y los ricos despojos repartamos,
pues con ellos podremos
de la pobreza asegurar extremos.

Peloro

¡Notable desatino!

Uno

Corra la voz que es muerto Constantino.

Clodio

Murió en este destierro
el César.

Otro

Constantino ha sido el muerto.

(Vanse dando voces. Salen Cloro y Lisinio, labradores, Cloro será el mismo
que, hizo a Constantino.)

Lisinio

La conformidad constante,
Cloro, que quiso algún Dios
hacer que fuese en los dos
de un natural semejante,
de tal suerte me ha inclinado,
que no me hallo sin ti.

¿Qué es lo que haces aquí,
siempre en libros ocupado?
   Mira que al tosco sayal
el ser letrado repugna.

Cloro   Desmintiendo a mi fortuna,
Lisinio, mi natural,
   aunque en verme te congojas
cuadernos desentrañando,
por árboles voy mirando
libros, pues todos son hojas.
   No nací para pastor,
puesto que mi madre sea
natural de aquesta aldea,
porque el oculto valor
   que vive dentro en mi pecho,
me inclina, si lo penetras,
a las armas y a las letras;
y aunque estudio sin provecho,
   el amor de aquesta gente,
que los Césares romanos
persiguen por ser cristianos;
el verla tan inocente,
   tan constante en los trabajos
y en los tormentos tan firme,
he venido a persuadirme
que, no pensamientos bajos,
   sino verdades ocultas
amparan su profesión,
y hélos cobrado afición.

Lisinio   No sin causa dificultas
   lo mismo que yo resisto
cuando de sus cosas trato.

Su sencillez y recato
amo, Pero aquese Cristo
   que adoran me hace dudar
y que de su ley me asombre.

Cloro   ¿Por qué?

Lisinio   Anteponer un hombre
a los dioses, ¿no ha de dar
   ocasión de que por locos
los juzgue? A un crucificado,
de su nación despreciado,
tenido por Dios de pocos,
   y esos pocos, pescadores,
a quien, como simples pudo
engañar, roto y desnudo,
¿qué Augustos, qué emperadores
   de su parte alegar puedes,
que acrediten sus hazañas,
sino barcas, y marañas
de engaños, como de redes?
   La ley de nuestros pasados
es de más autoridad,
porque toda novedad
fue dañosa en los estados.
   La adoración de los dioses,
por antigua y santa adoro.
Déjate de engaños, Cloro.

Cloro   Cuando repugnarla oses,
   ¿qué importa, Lisinio amigo,
si sus obras celestiales
muestran que son inmortales?
Aunque yo a los dioses sigo,

¿perdieran tantos la vida
con tal gusto, a no saber
que otra mejor ha de ser
para su fe prevenida?

    ¿Hicieran milagros tantos?
¿Vencieran tantos tormentos,
siempre humildes y contentos,
a no ser buenos y santos?

    ¿Qué fuego se atreve a ellos?
¿Qué mares los anegaron,
aunque millares echaron
con hierro y plomo a sus cuellos?

    Los anfiteatros digan
si los tigres y leones,
mansos a sus oraciones,
a sus pies vienen y obligan.

    Diga el cuchillo más fuerte
si en ellos tuvo poder.
Si es ansí ¿qué pueden ser,
hombres que vencen la muerte?

Lisinio   Encantadores.

Cloro   No creo
que ese atributo les dieras
si en este libro leyeras
lo que yo admirado leo.

Lisinio   No dio el cielo a mi ignorancia
tal ventura, que aprender
haya podido a leer,
aunque soy todo arrogancia.
    Mas, ¿qué libro es éste?

Cloro   Historia
de mil de aquestos que dieron
sus vidas, y al fin salieron,
aunque muertos, con victoria.
    ¿Quieres oír algo de él,
y sabrás quién es su Dios?

Lisinio   Di.

Cloro   Sentémonos los dos
debajo de este laurel.

(Siéntanse debajo de un laurel y lee Cloro.)

                «Pedro y Andrés, en cruz, con fe divina
un Dios confiesan solo Omnipotente
victorioso del mar, triunfa Clemente;
del cuchillo y navajas, Catalina.
    Palmas ganan Eulalia con Cristina;
un Laurencio honra a España y un Vicente;
del cordero en la púrpura inocente
justa se baña, auméntala Rufina.
    Sebastián, con las plumas de sus flechas
corónicas al cielo en sangre envía;
salen Diego e Ignacio vencedores.
    Leocadia ablanda cárceles estrechas;
cuchillos vence Inés, llamas Lucía.»

Voz (Dentro.)   Lisinio y Constantino, Emperadores.

(Cae sobre sus cabezas un ramo de laurel.)

Cloro   ¿Qué es esto?

Lisinio
                    Son las grandezas
con que el cielo nos sublima.
Cayendo el laurel encima,
corona nuestras cabezas.

Cloro
                    Emperadores nos llama
quien nuestra dicha pregona,
y la ninfa nos corona
que Apolo consagró en rama.

Lisinio
                    Cloro, ya el cielo se ofende
de nuestro ocio, pues que de él
cayéndose este laurel
nos despierta y reprehende.
    Tu pecho con él anima,
y deja estorbos cobardes.
Basta esta rama, no aguardes
que se caiga un monte encima,
    que yo, animado por él,
desde hoy el traje grosero
dejo, porque verdadero
salga este imperial laurel.
    Escuadrones de soldados
me ofrece el cielo propicio,
no en el rústico ejercicio
hatos de humilde ganado.
    Aquésta es mi inclinación.
Púrpura, a mi ser igual,
reinos dará a mi sayal
hazañas a mi opinión.
    Maxencio en Roma adelanta
su ambición y mis deseos,
y con augustos trofeos
gentes alista y levanta.

Con Constancio tiene guerra,
del mundo competidor
un Sol y un emperador
pretende solo la tierra.
    Si quieres que militemos
a su sombra, Cloro noble,
y que la encina y el roble
en lauro y palma troquemos,
    dejemos montes los dos,
que rústicos animales,
ni cívicas, ni murales
dan coronas, sino Dios.

Cloro   Oye, Lisinio, primero,
pues como el oro en la mina,
una alma escondes divina
dentro de un cuerpo grosero;
    que puesto que el pensamiento
que tienes en mí es de estima,
lo que más el pecho anima
es el noble nacimiento.
    Déjame saber quien soy,
pues nunca mi ingrata madre
me ha dicho quien es mi padre,
que mi palabra te doy,
    ya sea, como imagino,
generoso, ya al sayal
deba el ser y natural,
que este presagio divino
    contigo haga verdadero,
sin que peligros sean parte
para que de ti me aparte;
antes, desde agora quiero
    que de cualquiera fortuna

que nuestra dicha prevenga,
igual parte en ella tenga
cada cual, porque sea una.
   Si fuere César, serás
César como yo; si rey,
rey serás con igual ley
sin dividirse jamás
   por guerra o por otro extremo;
que más puede una amistad,
si es firme, que la hermandad
cruel de Rómulo y Remo.

Lisinio   Eso mismo que me ofreces
cumpliré, Cloro contigo,
haciendo al cielo testigo,
como a sus deidades, jueces.
   Pero no puedo esperarte,
que la inclinación me llama.
Aplica espuelas la fama,
y abrase mi pecho Marte.
   No nos veremos los dos
mientras monarca no seas
del mundo.

Cloro   Su esfera veas
a tus pies.

Lisinio   Adiós.

Cloro   Adiós.

(Vase Lisinio. Sale Nise, labradora, y Mingo, villano, con un harnero.)

Mingo   ¡Válgame Dios! ¿Por echarle

	la cebada os da molestia?
Nise	¡Calla, bruto, necio, bestia!
Mingo	Eso sí, apodar y darle. 　Pues no suelo yo ser mudo, ni vos muy limpia, aunque habláis, que media azumbre gastáis de agua en lavar un menudo.
Nise	¡Yo! ¿Cuándo?
Mingo	El de hoy os avise.
Nise	Tú mientes.
Mingo	¡Darle, y gruñir!
Cloro	¡Que siempre habéis de reñir! ¿Qué tienes con Mingo, Nise?
Nise	Aposentóse un doctor en el mesón...
Mingo	¿Qué? ¿Quería decirlo ella? En fin, venía afligido del calor 　y de hambre de la jornada. Mandónos poner a asar una gallina, y echar paja a la mula, y cebada. 　Entro luego en la cocina, y como mal entendí, la cebada al doctor di,

y a la mula la gallina.
¡Miren qué culpas son éstas!

Cloro

¿Vióse necedad mayor?

Mingo

¿Pues no ha llevado al doctor
la cansada mula a cuestas?
¿No es bien que a quien más trabaja
se dé mejor de cenar?
Luego bien hice de dar
al doctor cebada y paja,
y a la mula la gallina.

Nise

¡Calla, bestia!

Mingo

¿Pensáis vos
que no sabe de los dos
la mula más medicina?

(Sale Elena, de labradora.)

Elena

¡Que no ha de haber ocasión
que donde quiera que estáis
ambos a dos, no riñáis!

Mingo

¿Qué quiere? Soy un riñón.

Nise

Mientras este bruto esté
en casa, ¿quién no dará
voces?

Elena

Éntrate tú allá.

Nise

¡Para ésta!

Mingo	Jurad la fe;
	si es bien que en vuesa fe crea,
	no siendo la fe de Dios,
	aunque si se añade en vos,
	no va mucho de fe a fea.

(Vase Nise.)

Elena	Cloro, ¿qué haces aquí?

Cloro	Generosos pensamientos
	animan atrevimientos
	tan poderosos en mí,
	que me han obligado, madre,
	que, porque los certifique,
	aquesta vez te suplique
	me digas quién fue mi padre.
	Que el ilustre natural
	que a mi humildad hace guerra,
	me certifica que encierra
	este rústico sayal
	prendas con que esfuerzo cobre
	el valor a que se aplica,
	sin creer que alma tan rica
	procede de un padre pobre.

Elena	Cloro si estos pensamientos
	los gobernara el juicio,
	que en esta ocasión te falta,
	fueran sabios como altivos.
	A un pastor, humilde y pobre,
	debes el ser abatido,
	que no en palacios soberbios

te dio, sino entre cortijos.
Una pajiza cabaña,
que contra el Sol, el estío,
y contra el agua, el invierno
sirve de toldo propicio,
es tu casa de solar;
no los pavimentos ricos,
ni los artesones de oro,
asombro del artificio.
¿Qué importa que el arroyuelo,
soberbio cuanto atrevido,
con las lluviosas corrientes
haga competencia al Nilo,
si la tempestad pasada
vuelve al mísero principio,
y después pisar se deja
del animal más sencillo
y pequeño de la tierra,
dando a sus pasos camino?
Nacen a la hormiga avara
alas para su peligro,
pues cuando a Dédalo intenta
imitar, de un pajarillo
es miserable sustento,
sepulcro haciendo su pico.
No es bien que porque la palma
hasta el alcázar lucido
se atreva a subir del Sol,
un junco desvanecido,
competir con ella,
pues de su flaco principio
ignorando el fundamento
es verdugo de sí mismo.
Cuando te pintes, soberbio,

Rómulo, Alejandro y Ciro,
y la ambición te prometa
coronas y señoríos,
considérate un arroyo,
no profundo caudal río!
un junco, una hormiga vil,
y desharás, convencido,
ruedas de pavón soberbias;
que si la corneja quiso
vestirse plumas hurtadas,
ellas le dieron castigo.
No violentes, ambicioso,
tu natural, si perdido
después llorar no pretendes
juveniles desatinos.
Una haza son tus armas,
y en vez del estoque limpio,
la hoz corva, el tosco arado,
ovejas y un novillo.
Éstos ejercita, Cloro,
a Scipiones y Fabricios
deja triunfos y victorias
pues para pobre has nacido.

(Vase Elena.)

Cloro

Rigurosa madre, espera.
¡Ay, cielos! no sé si impíos,
porque en tales desengaños
sepultáis nobles designios.
¿Para qué Elena te llamas,
si siempre este nombre ha sido
blasón de ilustres matronas,
que en ti despreciado miro?

Nunca yo quien soy supiera,
pues la humildad pone grillos
al deseo ya frustrado,
que de un rústico soy hijo.

Mingo   Yo, a lo menos más dichoso
soy, aunque me llamo Mingo,
pues si no mintió mi madre
diz que me parió en el signo
de Capricornio, y en fe
de esto la comadre dijo
que un sátiro me engendró
y por eso satirizo.

(Sale Clodio, con las cartas y retrato. Peloro y Melipo.)

Clodio   Cuanto más lejos estemos
del emperador, airado,
cuyo hijo malogrado,
sin conocer, muerto habemos,
    más se asegura la vida,
que con tanto riesgo está.
Al romano imperio da
Persia guerra defendida;
    en ella no hay que temer
Clodio, castigo o venganza,
pues en su reino no alcanza
de Roma todo el poder.
    Descansemos por agora
en esta venta.

Cloro   ¡Ay, de mí,
que tan humilde nací
que cuando el cielo mejora

con el esfuerzo el valor
de quien ilustrar desea
Cloro, cielos, Cloro sea
hijo de un pobre pastor!

Clodio   Labradores, ¿hay posada?
¿Para cuántos?

Cloro   ¡Detenéos,
desvanecidos deseos!

Mingo   No les faltará cebada
    que coman, si son doctores,
ni gallinas que les demos
a las mulas.

Clodio   ¿No tenemos,
a pesar de los temores
    con que a costa, del cansancio
animan nuestro camino.
presente aquí a Constantino,
hijo del César Constancio?

Melipo   A no desdecirlo el traje
y saber que queda muerto
yo lo tuviera por cierto,
sino es que del cielo abaje
    a castigar nuestro insulto
disfrazado en el sayal.

Clodio   ¿No es retrato original?
Sí, que vive en él oculto.
    ¿No es aquella su cabeza,
sus ojos, su boca y talle?

Peloro	En él quiso retratalle
	la sabia Naturaleza.
	No he visto igual semejanza.
Clodio	Ahora bien; sea o no sea
	quien mi ventura desea,
	si consigue mi esperanza
	lo que mi intento procura,
	y este hombre, amigos engaño
	hoy con un ardid extraño,
	doy alas a mi ventura.
Melipo	¿Pues qué pretendes hacer?
Clodio	Pues que se parece tanto
	al difunto, que es encanto,
	si no es del cielo poder,
	y aquí cartas y retrato
	de Irene tengo, intentemos
	persuadirle, si podemos
	y tiene ingenio y recato,
	que se finja Constantino
	y se case con Irene.
Melipo	¡Extraña traza, si viene
	a admitir tal desatino!
	Mas ¿cómo un tosco pastor
	mudará su grosería
	en el trato y policía
	de un romano emperador,
	si conforma con su traje
	su ingenio:

Clodio	De un tosco roble se hace una imagen noble.
Peloro	Siendo bárbaro el lenguaje que aqueste monte le ha dado, descubrirá esta traición.

Melipo	Disfrazóse de león
	un bruto torpe, y trocado
	   en él, bramar cual él quiso,
	y dicen que rebuznó,
	y en su afrenta, a todos dio
	de su atrevimiento aviso.
	   Lo mismo ha de sucedernos
	si hacemos tal desvarío.

Clodio	De su traza y rostro fío que podemos atrevernos. Aquellas nobles facciones, del príncipe semejanza, me animan.
Melipo	Todo lo alcanza la industria. A mucho te pones; aunque si con eso sales, seguro está el interés y ventura de los tres, porque a Dédalo te iguales.
Clodio	Si con Irene se casa y a ver a Constancio va, cuando de su hijo está llorando la suerte escasa, la similitud extraña

que le iguala a su valor,
burlará al emperador;
y si dichoso le engaña
   y le tiene por su hijo,
¿qué más dicha?

Melipo   Quedó el muerto
a elección en el desierto
de las fieras. Yo colijo
   que ya habrán hecho en él presa.
Si no parece ¿quién duda,
viendo que en éste se muda
y el imperio le confiesa
   por el propio Constantino,
que su padre ha de creer
ser el mismo?

Peloro   Vendrá a ser
un engaño peregrino.

Clodio   Ponerlo en ejecución
falta solo.

Cloro (Aparte.)   (¡Que haya sido
tan bajamente nacido!
¡Ay, loca imaginación!)

(De rodillas.)

Clodio   Danos esos pies augustos,
si merecemos besallos

Cloro   ¿Qué es esto?

Clodio	Honra tus vasallos

con premios señor, tan justos.

Cloro   Señores, si el tosco traje
que traigo, os obliga así
a que hagáis burla de mi,
ninguno me hizo ultraje
    que, con honrada venganza
no sirviese de escarmiento
a su necio pensamiento.

Clodio   Generosa semejanza
    del más ilustre heredero
que Roma a su imperio dio
y la muerte malogró,
si el retrato verdadero,
    que autoriza y ennoblece
hoy en ti su original,
no es en tu alma desigual
y a la tuya le parece
    por un extraño camino
ha puesto el cielo en tu mano
la esfera y globo romano
y feliz de Constantino.
    Si a tu saber satisfaces
y tu persona eternizas,
de sus augustas cenizas
milagro al mundo renaces.
    Constantino, sucesor
de Constancio, partía a Grecia,
que en fe de lo que le precia
Maximino, emperador
    y monarca del Oriente,
a Irene le había ofrecido,

hija suya, y reducido
el griego lauro a su frente.
    Con este retrato y pliego
caminaba Constantino,
cuando saliendo al camino
un escuadrón loco y ciego
    de quinientos foragidos,
de repente le asaltaron,
y el abril verde agostaron
de treinta años no cumplidos.
    Por no darse a conocer
dio venganza a sus aceros.
Huyeron los bandoleros,
que vinieron a saber
    la calidad del difunto,
temerosos del castigo.
Yo, de su muerte testigo,
tomando aqueste trasunto
    de Irene, y cartas, volvía
con las nuevas lastimosas
a su padre; mas, piadosas
las deidades este día,
    ofreciéndome tu vista,
quieren en ti consolar
la pérdida y el pesar,
que es imposible resista
    Constancio, si a saber viene
que le ha quebrado su espejo
a Fortuna, y por ser viejo
la muerte su fin previene.
    Tú, pues, dichoso pastor,
que con su imagen heredas
su imperio, para que puedas
dar principio a tu valor,

si quieres en lugar de él
transformarte en Constantino,
el cielo a ofrecerte vino
el siempre augusto laurel.

Peloro   No pierdas esta ventura,
que por lo que interesamos
de ella palabra te damos
de hacerla los tres segura.

Melipo   Constantino —que ya quiero
de aqueste modo llamarte—
procura determinarte.
Deja ese traje grosero,
   que aquí del César traemos
con que serás transformado
o igual, no traslado.

Mingo   ¿Pullas en casa tenemos?
   ¡Voto al Sol, gente ruin,
que si la honda desato,
doy dos silbos al hato
y hago venir al mastín,
   que el dimuño os trajo acá!

Cloro   Basta la burla, señores;
ved que somos labradores,
y no se sufren acá.

Clodio   Para que la verdad creas,
que por tu dicha te trato,
en este sutil retrato
quiero que tu imagen veas,
   y con ella a Constantino,

que al sacro laurel te llama.

Peloro   Al atrevido la fama
                       ayuda.

Cloro   ¡Cielo divino!
                          Parece que en el cristal
                       me miro de alguna fuente,
                       aunque en traje diferente
                       seda aquí y en mí sayal.
(Aparte.)   (¿Qué hay que recelar, temor,
                       si el cielo a cumplir empieza
                       del laurel que en mi cabeza
                       me gratuló emperador
                          el pronóstico divino?
                       Crédito a mi dicha doy.)
                       Cloro he sido; ya no soy,
                       sino el César Constantino.
                       Dadme el retrato de Irene.

Clodio   Éste es.

Cloro   ¡Qué hermosa pintura!
                       Cifrada aquí la hermosura
                       todos sus milagros tiene.
                          Solo de mis pensamientos,
                       que ya ejecutarlos trato,
                       puede ser este retrato
                       dueño hermoso. Atrevimientos,
                          en vuestras alas sutiles
                       fundo mi imaginación
                       nobles mis intentos son,
                       si mis principios son viles.
                          Vamos a Grecia, vasallos,

que aunque este apellido os doy,
vuestro amigo firme soy.
Haced prevenir caballos,
  y advertid que si el secreto
de este engaño descubrís,
aunque pastor me advertís,
ser Constantino os prometo
  en vengarme y castigaros.
Ya el verdadero murió,
y en mi pecho se infundió
su alma. Sabré premiaros
  y castigaros también.
Su alma el César me ofrece,
que en quien tanto se parece
por fuerza ha de hallarse bien.

Peloro   ¿Hay mudanza semejante?

Melipo   ¿Hay más portentoso extremo?

Clodio   ¡Vive el cielo que le temo!

Peloro   Yo tiemblo en verle delante.

Cloro   ¿Quieres venirte conmigo?

Mingo   ¿Que por que se pareció
al otro, Cloro salió
emperadero?

Clodio   Sí, amigo.

Mingo   ¡Que nunca yo me parezca
a nadie!

Cloro	Acaba grosero.
Mingo	¿No habrá otro emperadero por ahí a quien merezca parecerme?
Melipo	Sí, a mi jumento, pues os parecéis los dos.
Mingo	Luego, parézcome a vos. Ir contigo, Cloro, intento.
Cloro	No soy Cloro desde aquí, Mingo, sino Constantino.
Mingo	Yo os lo llamaré si atino. Una vez me parecí a otro en tiempo cruel, porque a palos me molieron de noche, y luego dijeron: «Perdone, que no era él.»
Cloro	Dadme el caballo y vestido, y no pongamos en duda nuestra suerte, pues ayuda la Fortuna al atrevido.
Clodio	A mucho nos atrevemos y temo...
Peloro	¿Qué hay que temer?
Clodio	Que nos vengan a deshacer

aquéste, porque le hacemos.

(Vanse todos. Salen Maximino e Irene.)

Maximino   Ya, Irene, se llegó el día
en que el César sea tu esposo.

Irene   Si de la inclinación mía
el ánimo belicoso
sabes que mi valor cría,
    ¿por qué tu rigor le enlaza
en el yugo que embaraza
la libertad y quietud?
Manda tú a mi juventud
que se ejercite en la caza;
    que del jabalí protervo
el curso ligero siga
con que mis gustos conservo;
que el tigre sagaz persiga
y alcance al tímido ciervo,
    que en sus despojos celebre
triunfos, y el venablo quiebre
en el león arrogante,
ya con el noble elefante,
ya con la tímida liebre;
    y no me mandes que el gusto
pierda a mi edad el respeto,
que aunque es el tálamo justo,
no sabrá vivir sujeto
mi pecho libre y robusto.

Maximino   Si a mi voluntad te allanas,
al César por dueño ganas,
de las romanas esferas.

Anda a caza, en vez de fieras,
de libertades humanas.

Irene

No es, padre y señor, decente
el estado que me das
al valor que el alma siente.

Maximino

Yo sé que mi gusto harás.
[-ente.]

(Vase Maximino.)

Irene

La cerviz indomable del toro ata
con las coyundas de su yugo grave
el labrador, y brama, porque sabe
que su preciosa libertad maltrata.
   Al pájaro, que en plumas se dilata,
el cazador cautiva del suave
acento enamorado, y llora el ave,
aunque honren su prisión rejas de plata.
   No en los jardines la florida yerba
medra del modo que en el monte y prado,
patria y solar de su morada verde.
   Dichoso, libertad, el que os conserva,
pues es prisión el solio sublimado
de quien por reinos, vuestro reino pierde.

(Sale Isacio, Duque, y luego un Paje.)

Isacio

Hermosa prima, ¿qué haces
sola, si lo puede estar
quien se precia de llenar,
tiranizando las paces
   del Amor, como él atados

al carro de sus prisiones
encendidos corazones
con grillos de sus cuidados?
   ¡Ay, si mereciera yo
que te acordaras de mí!

Irene   ¡Oh, Isacio! Como nací
libre, y el cielo me dio
   un alma de quien soy dueño,
por no ser pródiga y darla
a prisión, quiero gozarla.
Pensar que he de amar, es sueño.
   Hoy dicen que Constantino
a darme la mano viene
de esposo, como si Irene
al mismo Apolo divino
   sujetar imaginase
la preciosa libertad,
que en mí es única deidad,
sin que amor mi pecho abrase.
   ¡Viven los cielos, que adora
todo el humano poder,
que de Irene no ha de ser,
si no es Irene señora!
   Mal mi padre me conoce.

Isacio   Con eso contento quedo.
Pues yo gozarte no puedo,
ninguno, Irene, te goce;
   que si tu desdén furioso
a cuantos te aman alcanza,
quedaré sin esperanza,
mas no quedaré quejoso.

Irene   Verás, cuando el César venga,
retratado en mí el desdén.

Isacio   Mas vale tratarle bien,
porque tu padre no tenga
  ocasión que a la impaciencia
provoque, que es el poder
rayo, y éste suele ser
más daño en mas resistencia.
  Entretenlo con engaños
ni le trates amorosa
ni le mires desdeñosa,
hasta que los desengaños
  le dispongan poco a poco,
que un repentino rigor
suele aumentar el amor,
pues con furias crece el loco.

Irene   No dices mal; y a fe, Isacio,
que luce más con su opuesto
el Sol a la sombra expuesto.
Desdeñaréle despacio,
  y por tu consejo sabio
me guiaré en esta ocasión,
forzando mi inclinación.

Isacio   Fingiendo no ser, agravio,
  cuando llegue, encubre enojos;
recíbele agradecida,
ostenta risa fingida,
dale a beber por los ojos
  ponzoña sabrosa y lenta,
y engaña a tu padre así.

Paje	Ya llega, señora, aquí el César.
Irene	Mi pena aumenta. Pero ¿sabes qué he pensado? Que para que me aborrezca y en verme no se enternezca, encontrando a Amor armado, pensando hallarle desnudo, que en el marcial ejercicio me hallo ocupada.
Isacio	Codicio el daño que de eso dudo, porque de aquesta suerte te halla bella y belicosa. Si te amaba por esposa, ha de adorarte por fuerte.
Irene	En eso, primo, te engañas. El amante que es prudente no busca dama valiente. Al hombre ilustran hazañas, y a la mujer, la hermosura, los regalos, la afición, la apacible condición, las lágrimas y blandura. Tiernos les dieron los nombres, porque con terneza amasen y regaladas templasen la condición de los nombres; que el ejercicio marcial es violento en la mujer, como en la nieve el arder,

derretirse el pedernal,
y acobardarse el león.
Y la que así no lo hiciere,
es señal que usurpar quiere
la preeminencia al varón.
    Yo sé que si Constantino,
en vez de amorosa, armada
me ve, a la guerra inclinada,
que por el mismo camino
    que en mi amor tierno se abrasa,
primo, me ha de aborrecer,
porque no pueden caber
dos hombres en una casa.

Isacio   Tu divina discreción
es igual a tu hermosura.
Que te aborrezca procura.
Ejecuta esa invención
    en que estriba mi esperanza,
dando alas a mi deseo.

Irene   Quiero ensayar un torneo.
Sácame, Isacio, una lanza,
    mientras la espada me ciño,
para que el César, amante,
de verme armada se espante;
que Amor teme, porque es niño

Isacio   De las que en esta armería
hay, es ésta la mejor

Irene   Haz tocar un atambor.

Isacio   Miedo me das, prima mía.

                              De la guarda de palacio
                              hay una aquí.

Irene   Toque, pues.
                              Aquésta la entrada es
                              del torneo. Advierte Isacio

(Hace la entrada del torneo con gallardía. Tocan chirimías. Salen Cloro, vestido
de príncipe, Melipo, Peloro, Clodio, Maximino y Mingo.)

Maximino   Aquí aguarda a vuestra alteza
                              la Princesa, agradecida
                              a vuestro amor y venida;
                              mas ¿qué es esto?

Cloro   A su belleza
                              añade la fortaleza,
                              como a mi amor, nuevas alas.
                              Las armas entre las galas
                              parecen en ella bien
                              para que juntas estén
                              tierna, Venus; fuerte, Palas.

Maximino   Su inclinación belicosa
                              me asombra. Sepa que estamos
                              aquí.

Cloro   Eso no. Suspendamos
                              en su hermosura animosa
                              la vista y alma dichosa
                              en este ejercicio un poco.
(Aparte.)   (¡Vive el cielo, que estoy loco!
                              ¡Ay, griega del alma hermosa!)

(Irene habla aparte con Isacio.)

Irene   ¿Qué te parece?

Isacio   El extremo
                             de la gracia y la destreza.
                             Aunque adoro a tu belleza,
                             tu valor y ánimo temo.

Cloro (Aparte.)   (¡Por Júpiter, que me quemo
                             entre su armado rigor
                             de inmortal y tierno amor!)

Mingo (Aparte.)   (¡Válgate Dios por muchacha!
                             Si eres hembra, o eres macha
                             no casarte es lo mejor.)

Irene   Saca la espada y verás
                             cuán bien los golpes ensayo.

Isacio   En tus manos será rayo.
                             Cinco se dan, y no más.

(Danse los cinco golpes de espada, tocando dentro.)

Irene   Retírate el paso atrás.

Cloro   Basta, hechizo de esta tierra,
                             o celo que el Sol encierra,
                             que para alcanzar la palma
                             y rendir, princesa, un alma,
                             no es menester tan la guerra.

Maximino   Tu esposo es, Irene mía

Irene	¡Oh, gran Señor! ¿Vos aquí?
	Ya las armas os rendí.
	Mejor el alma diría.
(Aparte.)	(¡Qué apacible gallardía!)
Cloro	Dichoso, divina Irene,
	quien a ver y a gozar viene
	tal belleza, tal valor,
	pues en vos, Marte y Amor
	rayos vibra y llamas tiene.

(Hablan aparte Melipo y Clodio.)

Melipo	Clodio, ¿es éste aquel villano
	que hijo de un monte fue?
Clodio	Mejor, Melipo, diré
	que es Constantíno romano.
Peloro	¿No adviertes que cortesano
	la gravedad imperial
	representa?
Clodio	A su sayal
	desmiente con la presencia,
	que también hay elocuencia
	en las almas natural.
Mingo (Aparte.)	(¡Válgame el diablo por Cloro!
	Verá lo que decir sabe.
	¡Qué quillotrado está y grave!)
Cloro	De suerte, Irene, os adoro,

que a la divina beldad
de ese simulacro rico
esperanzas sacrifico,
sin creer que hay más deidad
    que vos, señora, en el cielo.

Irene
Y yo, que en veros y hablaros
tengo en poco compararos
al claro señor de Delo.
    No adoro yo a Dios ninguno,
sino a vos; y si dichosa
merezco ser vuestra esposa,
no tendré envidia de Juno,
    pues en vos tengo presente
de Júpiter el valor.

Isacio (Aparte.)
(Bien finge tenerle amor.)

(Irene habla aparte a Isacio.)

Irene
Va bueno?

Isacio
Divinamente.

Cloro
Si yo, princesa, lo fuera,
nunca mas me transformara
otros cielos os criara;
otro mundo os ofreciera,
    que uno para vos es poco.

Irene
Si yo pudiera mostrar
la ventaja que en amar
hago a todas...

Cloro	¡Estoy loco!
Irene	Ni Cartago honrara a Elisa, como a Penélope Grecia, ni Roma honrara a Lucrecia, ni hubiera en Caria Artemisa. Pero hipérboles refreno, pues más que ellos os estimo
(Aparte a Isacio.)	¿No hago buen amante primo
Isacio	Bravo.
Irene	¿Va bueno?
Isacio	Rebueno.
Cloro	En fin, me amáis?
Irene	Como a dueño.
Cloro	Vos sois mi Sol.
Irene	Vos mí esposo.
Cloro	Vivo en vos.
Irene	Yo en vos reposo.
Cloro	¿Si me olvidáis?
Irene	Eso es sueño.
Cloro	En gloria estoy.

Irene	Mi mal calma.
Cloro	¡Gran suerte!
Irene	¡Bien soberano!
Cloro	Dadme, mi bien, esa mano.
Irene	Y con ella, esposo, el alma.

(Isacio habla aparte con Irene.)

Isacio	¿La mano, tirana, das? Pues, ¿cómo le has dado el sí?
Irene	Burléme, jugué y perdí. No he podido, primo, más.

Fin de la primera jornada

Jornada segunda

(Salen Constancio, viejo emperador, con luto, Andronio y otros, un Paje.)

Andronio   En este desierto fue
                            la tragedia, gran señor,
                            que provocó su valor.
                            Aquí muerto le dejé,
                              y huyendo los forajidos
                            cuando se certificaron
                            ser César el que mataron
                            temerosos si atrevidos,
                              de tu enojo y su castigo.
                            Llegué a esta pequeña aldea,
                            que en llantos su amor emplea;
                            llevé pastores conmigo
                              torné el cadáver difunto,
                            y habiéndole embalsamado
                            le dejé depositado,
                            partiéndome al mismo punto
                              a darte la nueva triste
                            que certifican tus ojos
                            en sus funestos despojos.

Constancio   Muerte con ella me diste.
                            ¡Ay, parca fiera e ingrata!
                          ¿por qué ofendes tu decoro?
                          ¿Juventud despojas de oro?
                          ¿Vejez reservas de plata?
                            Vieran mis años prolijos
                          tu rigor ejecutado
                          en este padre cansado;
                          conservárase en sus hijos
                            mi memoria; y la grandeza,

que ya mi esperanza pierde,
floreciera en abril verde
su joven naturaleza,
   y dieras final enero
de la vejez que ya lloro.
Cobraste el tributo en oro.
Menospreciaste el acero.
   Traedme el cuerpo y veré,
mientras llanto le apercibo,
muerto el gusto, el dolor vivo.
Segunda vez le daré
   el ser, si el dolor informa,
como el alma al cuerpo frío.
Alma llora. El llanto mío,
¿podrá darle vida y forma?

Andronio   Ya con fúnebre aparato
le traen.

Constancio   ¡Ay, cielo!, ¡ay rigor!
cortaste un árbol en flor,
de la belleza retrato;
   dejaste un tronco con vida.
¡Elección bárbara y ciega!
huye a quien te llama, y ruega
al que te huye apercibida.
   Muriera el César romano
entre armados escuadrones,
dando vida a sus blasones,
ya conquistando al britano,
   o ya oponiéndose al persa,
ganando con pompas reales,
ya cívicas, ya murales,
glorias de fama diversa.

Ya cegando cavas hondas,
ya muros altos midiendo,
porque imitara muriendo
la fama de Epaminondas;
    pero, ientre unos bandoleros,
porque de una misma suerte
den a tu fama la muerte
como a tu vida! ¡Qué fieros
    te son los hados! ¡Qué esquiva
la Fortuna, que envidió
tu suerte, y no permitió
dejar tu memoria viva!

Paje   El príncipe Constantino
                            viene ya.

Constancio   Ya sé que viene,
                            por mi mal; ya sé que tiene
                            determinado el camino,
                                Su vista a mis años largos,
                            infeliz, porque en mi espejo
                            quebrado miré este viejo
                            fines de un principio, amargos.
                                ¿Por qué prolijo me adviertes
                            pena que yo llego a ver?
                            Mi alma no ha menester
                            que a pedradas la despiertes.

(Tocan cajas destempladas y trompetas roncas. Sacan enlutados un ataúd y
banderas negras arrastrando.)

                            Con otro recibimiento,
                            hijo, os aguardaba yo.
                            En túmulo se trocó

vuestra boda y mi contento.
Con vos, el tiempo avariento
pagó el curso acostumbrado
a la muerte, juez airado
que, ya grave, ya ligera,
dando a otros pleitos de espera,
de vos cobra adelantado.

   Descubríme el rostro triste,
retrato de lo que fue;
en él mi muerte veré,
si en él mi vida consiste.
Vaso que el licor tuviste
de un alma que ya en su ocaso
se puso y con leve paso
voló a eterno señorío,
bien parece que vacío
no tiene valor el vaso.

   ¡Qué hermoso que te vi yo!
Pero eres vaso de tierra.
Bañó la vida que encierra
el alma que te informó;
como el baño se acabó,
la tierra te desengaña,
pues de su color te baña,
y el alma de ti se aleja,
como el pastor cuando deja
despoblada la cabaña.

(Suenan chirimias y atabales.)

   Pero, ¿qué muestras son éstas
de triunfos y glorias reales,
mezclando vivas señales
entre memorias funestas?

¿Yo lágrimas y ellos fiestas?

(Salen Cloro, del mismo modo que Constantino, Maximino, Irene, Isacio, Mingo, Clodio, Peloro y Melipo.)

Clodio

Muestra, Cloro, tu valor
aquí; no como pastor,
como el César verdadero
te trata, porque así espero
verte presto emperador.

Cloro

Clodio, vuestro desatino
hasta agora os ha engañado;
que soy Cloro habéis pensado,
siendo el César Constantino.

Melipo

¿Cómo?

Cloro

Por Jove divino,
si injurias el noble ser
que me vino a engrandecer,
que a costa de vuestras vidas
experimente perdidas
las fuerzas de mi poder.
Si más Cloro me llamáis,
lloraréis vuestro fin hoy.
Constantino el César soy,
y mi padre el que miráis

Peloro

Melipo, Clodio, ¿escucháis
la arrogancia del villano?
Como le dimos la mano,
por eso nos da del pie.

Mingo	Con más miedo vengo, a fe, que vergüenza.
Melipo	¿Hay tal tirano?
Cloro	Vuestra sacra majestad me dé los pies.
Constancio	¡Cielo santo! ¿Qué es esto?
Cloro	Y al bello encanto de esta divina beldad, los brazos.
Constancio	¡Alma, dejad sueños si es que estáis durmiendo!
Maximino	Mi fortuna engrandeciendo ampara el cielo divino, pues a Irene y Constantino ha enlazado.
Constancio	¿Qué estoy viendo?
Maximino	Dad a Maximino agora los brazos, que alegre viene a ofreceros con Irene el ave que Arabia adora
Constancio	Si la desdicha que llora este trágico suceso, y tiene el sentido preso en la cárcel del pesar,

54

no me ha venido a engañar,
yo estoy soñando sin seso.
    Andronio, si estoy despierto,
libra mi imaginación
de esta extraña confusión.
¿Qué es esto?

Andronio   Señor, lo cierto
es que Constantino muerto
en este bosque quedó.

Constancio   Pitágoras afirmó
que las almas que dejaban
un cuerpo, se trasladaban
a otros, y no mintió.
    Sí, a creer me determino
lo que alegra mi esperanza,
que el amor, que es semejanza,
apoya este desatino.
El alma de Constantino
buscó un cuerpo semejante
al primero, en que, constante,
sus espíritus reciba,
dándome la imagen viva
del muerto que está delante.
    El corazón dividido
en dos mitades agora,
cuando un hijo muerto llora,
vivo un hijo ha recibido.
Luto por el que ha perdido
fuerza el dolor a traer;
fiestas hacen suspender
el pensar que en verle calma.
Dos contrarios en un alma

me obligan a suspender.
  Pésames tristes recibo
del hijo que muerto veo,
plácemes dan al deseo
contento del mismo vivo.
Lágrimas aquí apercibo,
brazos aquí dar consiento,
y en los extremos que siento,
cuando la verdad ignoro,
en un mismo tiempo lloro
de pesar y de contento.
  Si al efecto natural
hago juez en esta prueba
y la sangre siempre lleva
el alma a su original,
con amor y gusto igual
por entrambos dos suspira;
este fuerza, estotro tira
el corazón a sus brazos,
y hecha entre los dos pedazos
dividiéndose se admira.
  ¿Vióse jamás tal portento,
juntos los bienes. y males,
y por una causa iguales
la tristeza y el contento,
perplejo el entendimiento,
la voluntad sin saber
lo que en tal caso ha de hacer,
y que en un mismo lugar
den lágrimas de pesar
las lágrimas de placer?
  Ahora bien; la semejanza
que tal vez Naturaleza
en fe de su sutileza

forma para su alabanza,
de tan extraña mudanza
pudo ser sutil autora.
Averigüemos agora
en mi provecho o mi daño
si es ésta verdad o engaño,
mientras el alma lo ignora.
    ¿Quién es aqueste pastor?

Mingo
    Yo, señor, soy un salvaje,
testigo, persona y traje,
que en fe de mi buen humor
me trae el emperador
Constantino en su servicio,
y aunque servirle codicio,
nunca de traje he mudado,
que aunque tosco, siempre he dado
en que es liviandad o vicio.

Constancio
    ¿Sabes tú quién es ese hombre?
que afirma que mi hijo es?

Mingo
    No le he dejado despúes
que le pusieron el nombre

Constancio
    Aunque este encanto me asombre,
la simple rusticidad
de éste dará claridad
a esta extraña maravilla,
que siempre en alma sencilla
se aposenta la verdad.

Irene
    ¿No sabremos, gran Señor,
qué confusión te divierte,

que en luto el gozo convierte
de nuestra vista el dolor?

Maximino   Nuestro único sucesor
es éste, César romano.
Dejad el pesar tirano.

Cloro   ¿Qué es esto?

Constancio   Estoy sin acuerdo,
llorando el hijo que pierdo,
gozando el hijo que gano.

(A Mingo.)   Ven acá, pastor.

Mingo   Aquí
el miedo el alma embaraza.

Constancio   ¿Quién es el que se disfraza,
sin serlo, en mi hijo así;

Mingo   Yo, señor, ni lo comí,
ni lo bebí. De un pastor
viene todo mi valor.
Verdad es que en la cocina
di a la mula la gallina,
y la cebada al doctor.

Clodio (Aparte.)   (Éste nos ha de causar
la muerte por descubrirnos.)

Mingo   A no venir a decirnos
que habíamos de reinar
éstos... Yo de mi lugar
alcalde he sido... no fui,

sino porque rico... y así...
diz que éste se pareció
Diga, ¿parézcome yo
a ningún hombre de aquí?

Constancio   ¡Villano, viven los cielos!
Si no dices la verdad,
que han de ahorcarte.

Mingo   ¿Hay crueldad
como ésta? Descubrírélos.
¿Para mí han de ser los duelos
y para otros la ventura?

Constancio   ¿Quién es éste que procura
usurpar ajena fama?

Mingo   Aquéste Cloro se llama.

Melipo   ¿Qué dices?

Mingo   La verdad pura.
Dijeron aquestos tres
que en el talle y el semblante
parecía a un imperante,
príncipe, o diablo, o lo que es;
vistiéronle así después,
llamáronle jamestad
lleváronle a una ciudad,
casóse con esta moza,
como marido la goza,
y esta es la pura verdad.

Maximino   ¿Qué es esto, traidor fingido?

¿tú a Irene has engañado?

Peloro

Buen fin la Fortuna ha dado
al ardid que hemos fingido.

Constancio

¡Matad aqueste atrevido!

Cloro

   No me dejo matar yo.
Lo que la suerte me dio
eso pienso defender.
El César tengo de ser,
que el cielo me lo llamó.

Irene

   Y yo, que te llamo dueño
y como esposo te adoro,
ya seas príncipe, ya Cloro,
ya hombre ilustre, ya pequeño,
puesto que parezca sueño
lo que miro y me divierte
tu adversa y próspera suerte,
seguiré siempre a tu lado.

Constancio

¿Qué es aquesto, cielo airado?
¡Matadle, dadle la muerte.

(Empuñan las espadas unos contra otros. Sale Elena.)

Elena

   Invicto César augusto,
a quien todo el mundo llama
Constancio, en fe de que el nombre
conforma con tu constancia,
suspende el justo rigor
que da filos a tu espada,
ocasiones a tu enojo

y, a nuevos misterios causa.
Yo soy Elena, que un tiempo
llamaste dueño del alma,
blanco de tu ciego amor
y objeto de tu esperanza.
No te acordarás de mí,
que el olvido y la mudanza
andan con la posesión,
de la ingratitud hermana.
Amásteme siendo César,
y puesto que no te iguala
mi valor en la nobleza,
reyes tuvo mi prosapia.
Persuasiones amorosas
derribaron la muralla
de mi noble resistencia;
dísteme mano y palabra
de esposo, y en pago de ella
te di yo dentro del alma
el absoluto dominio
que funda su imperio en llamas.
Un hijo, que es el que ves,
hizo nudo las lazadas
de mi amor y tu firmeza;
mas como el tiempo desata
obligaciones de bronce,
milagros de su mudanza
pervirtieron tu memoria,
dieron principio a mis ansias.
Tu padre, el emperador,
te casó en Roma, quebrada
la palabra que me diste,
mas ¿qué príncipe la guarda?
Temí el valor de mi padre,

que, intentando la venganza
de mi injuria y de su afrenta,
quiso hacer de mis entrañas
túmulo al hijo que de ellas
salir a luz deseaba, para
enseñar con tu olvido
mi agravio y tu semejanza.
Víneme huyendo a estos montes
su rigor y mis desgracias
depositando el secreto
en sus peñas intrincadas.
En aquesta aldea, en fin,
vuelta pastora de infanta,
vio el Sol el triunfo amoroso
en quien tu valor retratas.
Constantino le llamé
el Magno, aumentando el agua
mis lágrimas de sus fuentes,
que murmuran tu mudanza.
Supe después que tenías
otro Constantino, causa
de nuevas penas en mí
y nuevas desconfianzas.
Jurarle hiciste por César,
y con distinta crianza
los dos, de un principio efectos
y de un mismo tronco ramas,
él entre palacios ricos,
éste entre humildes cabañas,
púrpuras aquél vistiendo
y éste humildes antiparas,
juego del tiempo y Fortuna
fueron, que montes abaja
y valles, tal vez, sublima

ciega, en fin, mudable y varia.
Treinta veces pobló enero
aquestos prados de escarcha,
y de acanto y madreselva
los vistió el mayo otras tantas,
que crecieron igualmente
tus hijos y mis desgracias;
ése, César; pastor, éste;
tú, mudable yo, olvidada,
cuando, muriendo tu esposa
—si puedo con razón darla
este nombre siendo yo
en tu amor legitimada—
a casarse con Irene,
princesa hermosa del Asia,
e hija de Maximino,
a Constantino enviabas;
y en fin, para dar lugar
a mi perdida esperanza,
recuerdos a tu memoria
y castigo a tus mudanzas,
quiso el cielo y la Fortuna
que en estos montes quedara
muerto el César, porque puedas,
cumplir leyes y palabras.
Constantino el Magno, que es
el que tus brazos aguarda,
y tu mayor heredero,
puesto que le decía el alma
quién era, y yo lo encubría,
humillando acciones altas
con memorias mentirosas,
tan humildes, cuanto falsas,
llamáronle Cloro entonces,

y afrentado que montañas
ocultasen su valor,
que aspira a cosas más altas,
dio crédito a persuasiones
de aquestos que le acompañan,
resucitando del muerto
la dicha y la semejanza.
Si lo que por ti he pasado,
si el darte, invicto monarca
vivo un hijo por un muerto,
en quien tu dicha restauras;
si el ser yo tu esposa,
en fin, merece que satisfagas
deudas que el tiempo atestigua
y el cielo piadoso ampara
cumple noble y, generoso;
si no en oro, paga en plata,
dando los brazos a Elena
y a Constantino las plantas.

Constancio   ¡Oh, restauración querida
de mi fe y de mi contento!
Fénix, de quien nacer siento
a nuevas glorias mi vida,
agraviada y perseguida,
lloro tu olvido y mi pena,
mas pues la Fortuna ordena
la ventura que en ti fundo,
hoy ha de adorar el mundo
por su emperatriz a Elena.
Dame esos brazos constantes
y Constantino que en ellos
poseerá con poseellos
lauros de Roma triunfantes.

Cesen lágrimas amantes
de un hijo muerto, pues vino
por caso tan peregrino
otro vivo a ver mi amor.
De un Constantino el dolor
remedie otro Constantino.
    Dadme vos también, Irene,
brazos de padre, y de hermano
vuestra alteza.

Maximino   En ellos gano
dichas que callar conviene.

Irene   Si tan buen suceso tiene
tu desgracia, esposo mío,
ya de tus venturas fío
triunfos con que al mundo asombres
y con inmortales nombres
dilaten tu señorío.

Cloro   Para coronar tu frente
la esfera del Sol quisiera
poseer, porque en su esfera
te adore todo el Oriente.

Constancio   Magencio intenta al presente
arrogante y rebelado
contra el imperio sagrado,
gozar el lauro de Roma.
César eres, monstruos doma
que la ambición ha sacado.
    Y todas mis escuadrones;
por su señor te obedezcan.
Cerca a Roma, y permanezcan

en sus muros tus pendones.
Empieza a ganar blasones
que te den nombre divino.

Cloro   A eso, señor, me inclino.

Constancio   Diga el aplauso feliz,
viva Elena, Emperatriz.

Todos   ¡Viva Elena, Emperatriz!

Constancio   ¡Viva el César Constantino!

Todos   ¡Viva el César Constantino!

(Vanse todos con música. Sale Lisinio, de Capitán con jineta, y soldados.)

Lisinio   A Constantino, de la patria amigo,
defiendo contra el bárbaro Magencio;
el hijo de Constancio, su enemigo,
por legítimo César reverencio.
Siga al tirano Roma, que yo sigo
a quien gobierna al mundo, y al silencio
de la lengua remito en noble alarde
las obras, no palabras de cobarde.

Soldado I   Valeroso Lisinio, tus hazañas
te han dado justamente la jineta,
que en la tirana sangre honras y bañas,
digna que nuevas honras te prometa.
Pastor fuiste, entre rústicas montañas
criado; si un laurel fue tu profeta
y el imperio te ofrece, como dices,
tiempo es de que te ilustres y eternices.

Constancio, emperador, a Roma viene
contra Magencio, y el amor divino,
que acreditadas tus victorias tiene,
al heroico renombre abre camino;
casado con la griega y bella Irene
le sigue el invencible Constantino.
Si tu pecho y hazañas reconoces
tu fama hará que su privanza goces.

Soldado II   Vámosle a dar, Lisinio valeroso,
la obediencia debida que le ofreces;
como sea de tu pecho belicoso
el premio que en su ejército mereces.

Soldado I   Constancio, agradecida y generoso,
si en las victorias como en dicha creces,
de tu lealtad ofrecerá a tu fama
coronas de laurel, de roble y grama.

Soldado II   ¡Muera Magencio, capitán romano!
¡Constantino y Constancio, eternos vivan!

Lisinio   Vámosle a ver, y sellaré en su mano
labios leales, que su amor reciban.
Ampárese entre muros el tirano,
que célebres hazañas los derriban.
A Constantino mi valor inclino.

Todos   ¡Viva Constancio! ¡Viva Constantino!

(Vanse todos. Salen Elena, Irene, Constantino, Isacio y soldados. Constantino aparece sentado en medio de Elena e Irene.)

Cloro   Éste es el Babel del mundo,

que encerrando siete riscos
entre agujas y obeliscos,
no reconoce segundo.
    Roma es ésta, en fin; extremo
de la Real ostentación;
lastimosa emulación
de los dos, Rómulo y Remo.
    Y siendo imperial cabeza
de cuanto mira el aurora,
si os tiene a vos por señora,
honrando en vuestra cabeza
    el laurel que ya os previene
¿quién duda que en más estime
desde hoy su imperio sublime
pues le honran los pies de Irene?

Irene
            Veaos yo su emperador,
vencido el loco Magencio,
que yo solo reverencio,
Constantino, vuestro amor,
    sin que del laurel los lazos
deseo a mí gusto den,
mientras en mi cuello estén
coronándole esos brazos.

Elena
            Ocasión hay en que puedas
mostrar que heredas, romano,
las hazañas de tu hermano,
como el imperio le heredas.
    Constantino el Magno, el Grande,
todo el imperio te llama;
grandes hazañas la fama
te pide para que ande
    el valor con el blasón

igual; la ocasión te obliga
a que el nombre no desdiga
de tus hechos y opinión.
   ¡Magencio, en Roma seguro
se ampara, y triunfa ya de él,
que no corona el laurel
a quien no corona el muro
   de victoriosas banderas
que planten manos gallardas.
A su vista estás, ¿qué aguardas?
Roma es aquésta, ¿qué esperas?
   Conquístela tu valor,
que en Roma tu imperio fundo.
No serás señor del mundo,
si en Roma no eres señor.
   Mientras con triunfo solene
en Roma tu nombre afames,
ni de Elena hijo te llames,
ni ilustre esposo de Irene.

Cloro
   Que eres mi madre negara
y la sangre que te debo,
si con ánimo tan nuevo
tu valor no me obligara.
   Hoy, madre, verás que de él
soy legítimo heredero.
Morirá el tirano fiero,
que si es cobarde, es cruel,
   que ensangrentando sus manos
en inocentes se infama,
la que Magencio derrama
de los humildes cristianos
   anima mi corazón
a que vengallos intente.

No sé que tiene esta gente,
que me roba el corazón
  Cosas en ellas he visto
de más que humano poder.
A Magencio he de vencer
con la ayuda de su Cristo.

Irene
  ¿Qué dices? ¿A un hombre alabas
muerto en cruz, y en él esperas?
¿A los dioses vituperas
cuando de imperar acabas?
  ¿A un ajusticiado estimas,
que en un pesebre nació,
a Egipto de un Rey huyó,
y con su favor te animas
  cuando en un tosco madero
no se pudo a sí librar?
Dioses en quien esperar
tiene tu imperial acero;
  Júpiter rayos fulmina,
que cíclopes sicilianos
forjados dan a sus manos
llenos de furia divina;
  Marte, en sangre humana
tinto, contra tu elección se enoja,
y lanzas de fuego arroja
reinando en el cielo quinto.
  ¿No hay una Palas que invoques,
un Apolo, cuyas flechas,
Pitones, sierpes deshechas,
a darte favor provoques?
  ¿A un hombre muerto y desnudo
pides que te ayude?

Cloro	Espera.
Irene	Quien habla de esa manera mal tener esfuerzo pudo. Haz con él en Roma alarde del triunfo que darte intenta, y quien los dioses afrenta nunca ser mi esposo aguarde.

(Vase Irene.)

Cloro	¿Hay caso más peregrino? Escucha, espera, mi bien, que me abrasa tu desdén, bella Irene.
Voz (Dentro.)	¡Constantino!
Cloro	¡Cielo! ¿Quién me llama ansí?
Voz (Dentro.)	¡Constantino!
Cloro	Dulce voz, que con discurso veloz triunfas amorosa en mí; ¿qué me quieres?
Voz (Dentro.)	¡Constantino!
Cloro	Ya te escucho y reverencio.
Voz (Dentro.)	Hoy vencerás a Magencio, si el estandarte divino llevas, que al cielo da luz,

y es símbolo de la fe.

Cloro   ¿Con qué señal venceré?

(Cantan dentro.)

Voces   Con la señal de la Cruz.

Elena   ¿Hay música más suave?

Cloro   ¿Hay cosa más celestial?
Pues me das esta señal,
el mismo cielo te alabe.
    A mis tinieblas des luz,
pues en ti he de merecer
triunfar en Roma y vencer.

(Cantan dentro.)

Voces   Por la señal de la Cruz.

(Pasa por el aire una cruz; suena música y dice Cloro arrodillándose.)

    Si por esa señal venzo,
¿qué es lo que temo cobarde?
Haga aquí mi esfuerzo alarde;
que hoy a adorarte comienzo.

Elena   Hijo, el ciclo es en tu ayuda.
Por la señal vencerás
de la Cruz. No esperes más.

Cloro   Al arma confusa duda.

(Entran algunos cristianos en escena.)

¿Qué es esto?

Cristiano I   Danos los pies.

Cloro   ¿Quién sois? ¿Qué queréis de mí?

Cristiano I   Cristianos, que solo en ti
                             esperan, señor, después
                                que Magencio, vil tirano
                             de Roma, donde se encierra,
                             conjurado nos destierra,
                             porque con nombre cristiano
                                ilustrados nos ha visto.

Cloro   Basta ese divino nombre
                             para que el mundo se asombre.
                             Yo también adoro a Cristo.
                                Seguid en su nombre santo
                             mis banderas; suyo soy;
                             por él he de vencer hoy
                             y dar a Magencio espanto.

Cristiano I   Todos los que aquí venimos,
                             en su nombre te ofrecemos
                             que al tirano venceremos
                             y en este papel pusimos
                                nuestras firmas de ofrecerte
                             diez cabezas cada uno
                             de los contrarios.

Cristiano II   Ninguno
                             teme, gran señor, la muerte.

Cloro

¡Oh, valor, solo cristiano!
De quien sois, dais testimonio.
General eres, Andronio;
mi estandarte, honre tu mano.
    Deja águilas imperiales,
que idólatras prendas son,
la cruz en su lugar pon
pues vencen estas señales.

Andronio

Yo no puedo derogar
la antigüedad del imperio,
ni con ese vituperio
a Júpiter provocar.
    Suyas las águilas son
que Roma ilustre enarbola.
Con esta bandera sola
daré nombre a mi opinión
    volando hasta las estrellas;
otro a honrar la cruz comience,
y veremos hoy quien vence,
ella, o mis águilas bellas.

(Vase Andronio.)

Cristiano I

¡Oh, bárbaro! Yo me encargo
de alcanzar del mismo Marte
victoria, si el estandarte
de la cruz está a mi cargo.

Cloro

Llévala, pues; saca a luz
de Dios en ella el poder,
que a Magencio he de vencer
por la señal de la cruz.

(Vanse los cristianos. Sale Lisinio.)

Lisinio (Aparte.)   Gran señor... (¡Válgame el cielo!
                       ¿no tengo a Cloro delante?)

Cloro (Aparte.)   (¡Cielo! si no es que me espante
                       lo que mirando recelo.
                            ¿No es éste Lisinio?)

Lisinio   (Él es;
                       pero tan presto un pastor
                       puede ser emperador?)

Cloro   ¿Qué quieres?

Lisinio   Dame esos pies,
                            y en tus banderas recibe
                       un capitán que se inclina
                       a tu fama peregrina,
                       y animoso te apercibe
                            a Roma donde has de entrar,
                       a pesar de su tirano,
                       hoy con triunfo soberano.

Cloro (Aparte.)   (Lisinio es. ¿Qué hay que dudar?)

Lisinio (Aparte.)   (Cloro es éste, o estoy loco.)

Cloro (Aparte.)   (La verdad he de saber.
                       No sabe Lisinio leer;
                       así su esfuerzo provoco.)
(A Lisinio.)   Yo estimo vuestro valor;
                       por mi capitán os nombro...

Lisinio (Aparte.)	(¡Cielos! ¿Quién vio tal asombro?)
Cloro	...y porque podáis mejor

Cloro
...y porque podáis mejor
con hechos extraordinarios
vencer la envidia y olvido,
agora me han prometido
de los bárbaros contrarios
darme cuarenta cabezas
cuatro soldados valientes.
Si a sus hechos excelentes
comparáis vuestras grandezas,
en este papel firmados
sus nobles nombres están,
Imitadlos, capitán,
pues lo sois, y ellos soldados.
Firmad aquí.

Lisinio (Aparte.)
(¡Vive el cielo!
Que es Cloro, y me ha conocido.
Nunca a leer he aprendido;
mi afrenta noble recelo.
Decir que leer no sé,
es decir que no soy hombre
pues ¿de qué suerte, mi nombre
aquí, cielos, firmaré?)

Cloro
¿Qué dudáis?

Lisinio
De firmar dudo,
porque no es bien que presuma
que firme hazañas la pluma,
sino el acero desnudo.
Cien cabezas de enemigos

ofroceré a tu laurel;
las piezas de este papel

(Rómpele.)

sean de aquesto testigos,
　y la que tengo en la cinta.
Cumplirán aquesa suma,
siendo mi espada la pluma
y siendo sangre la tinta.
　Por eso rompo las firmas
de todos, porque yo solo
he de cumplir por Apolo
su promesa.

(Vase Lisinio.)

Cloro
　　　　　　Bien confirmas
　tu valor y atrevimiento
digno de Lisinio fiel.
Él es; no mintió el laurel.
Yo cumpliré el juramento.
　César ha de ser conmigo
que así cumple mi valor
palabras de emperador
y premia un heroico amigo.
　¡Al arma nobles romanos!
¡Triunfad de Roma valientes!
¡Coronas ciñan las frentes,
que os rindan estos tiranos!
　¡Salga vuestro esfuerzo a luz!

Todos
¡Arma! ¡Arma! Roma ha de ver
que sabe la fe vencer
por la señal de la cruz.

(Vanse todos. Dase la batalla. Durante ella aparece Mingo con casco y rodela, a lo gracioso. Van saliendo sucesivamente soldados durante la escena.)

Mingo
He aquí a Mingo que es soldado
sin haber tenido potra;
ni estar quebrado quillotra
el miedo con que vo armado.
   ¿Mas que tiene de llover
esta fiesta sobre mí?
Del escuadrón me escurrí.
¿Dónde me podré esconder?

Voces (Dentro.)
¡Al arma! ¡al arma!

Mingo
La grita
que anima a otros y alborota,
me va helando cada gota
de sangre. ¡Oh, mi paz bendita!
   ¿Cuánto mejor me estuviera
yo agora junto al hogar,
viendo la sartén chillar!

(Salen los soldados con espadas desnudas.)

Soldado I
¡Viva Constantino!

Soldado II
¡Muera!

Mingo
Si estos encuentran conmigo,
y preguntan de quien soy,
¿qué diré? ¡Al infierno doy
la guerra!

Soldado I
¿Quién va allá?

Mingo   Amigo.

Soldado I   ¿Quién vive?

Mingo   Magencio viva
                    por siempre jamás, amén.

Soldado I   ¡Ah, traidor!

(Dale.)

Mingo   ¿No dije bien?
                    Aquí me han de volver criba
                       que no pueda acertar yo
                    en cosa alguna!

Soldado I   Villano,
                    viva el César soberano
                    Constantino.

Mingo   ¿Por qué no?
                    Viva más que una madrastra.
                    Siempre su campo seguí.

Soldado I   Pues dilo, cobarde, así.

(Vanse los soldados.)

Mingo   Mi muerte el cordel arrastra.
                       ¡Ay, cuál tengo las costillas!

(Salen otros dos soldados.)

	Otros vienen ¿de qué parte serán?
Soldado III	Hoy ayuda Marte con divinas maravillas a Magencio.
Soldado IV	El cielo ordena darle el laurel que apercibe.
Soldado III	¿Quién va?
Mingo	Ya no voy.
Soldado III	¿Quién vive
Mingo (Aparte.)	¡Dios me la depare buena! (Éstos son de Constantino.) Constantino, emperador, viva más que un tundidor.
Soldado III	¡Oh, perro!
(Dándole.)	
Mingo	¡Nunca adivino! Téngase, seor soldado, la espada, que reverencio...
Soldado III	Pues ¿quién vive?
Mingo	¿Quién? Magencio, que es el hombre más honrado que el licor de Baco bebe.

Soldado III	¿De Constantino sois vos?
Mingo	¿Yo?
Soldado III	Sí.
Mingo	Mas que plegue a Dios, señor, que el diablo le lleve.
Soldado III	El combate anda encendido, a la batalla acudamos.

(Vanse los soldados.)

Mingo	Buenos, costillas andamos. ¡Gentil adivino he sido!

(Salen otros dos soldados.)

Otros salen: ¿qué diré?

Soldado I	Los caballos nos han muerto.
Soldado II	¿Quién va?
Mingo	Si esta vez no acierto, volaréis, alma, a la fe.
Soldado II	¿Quién vive?
Mingo	Todo viviente. Vive un perro, un elefante; vive un cuñado, un amante;

vive...

Soldado II	Mátale.

Mingo	Detente.

Soldado II	¿Quién vive de aquestos dos, o Magencio o Constantino?

Mingo	Viven ambos, si convino con la bendición de Dios.

Soldado I	Dale, que aquéste es neutral.

(Danle.)

Mingo	¡Ah, señores!

Soldado I	¡Oh, villano!

(Vanse los soldados.)

Malo soy para gitano.
¿Vio el mundo desdicha igual?
    Si vuelvo por Constantino,
con los de Magencio doy;
si digo que él viva, estoy
con estotro; si me inclino
    a entrambos también me pegan.
Amparadme, cueva, vos,
que ya vienen otros dos,
y han de acabarme si llegan.
    Si de aquí vengo a escapar
con vida, y pasa la guerra,

he de poner en mi tierra
escuela de adivinar.

(Éntrase en la cueva. Sale Lisinio con dos o tres cabezas, un estandarte y una espada.)

Lisinio   Con estas cabezas tengo
cincuenta, y le prometí
ciento a Constantino. Aquí,
mientras a cumplirlas vengo,
    guardádmelas, cueva, vos.
Por las demás volveré.

(Échalas dentro de la cueva, y da con ellas a Mingo.)

Mingo   ¡Ay, que me ha muerto!

Lisinio   ¿No fue
voz humana aquesta?

Mingo   ¡Ay, Dios,
que aunque me esconda y encueve
no ha de faltar quien me asombre!
¡Ay, de mí!

Lisinio   ¿Quién eres, hombre?

Mingo   Soy el demonio que os lleve.

Lisinio   ¿Quién eres?

Mingo   ¡Qué malas hadas
hoy me persiguen!

Lisinio	¿Quién eres?
Mingo	Un hombre o lo que quisieres que hoy has muerto a cabezadas.
Lisinio	¿Es Mingo?
Mingo	¿Quién diablo os dijo mi nombre?
Lisinio	Lisinio soy.
Mingo	Mas... no... nada... Tal estoy que no os conozco. Colijo que sois Lisinio el pastor.
Lisinio	Y del César, capitán.
Mingo	¿Vestido de tafetán? Mas, si es Cloro, emperador, ¿de qué me admiro y espanto?
Lisinio	¡Ah, cobarde!
Mingo	Estó confuso, y al fin soy valiente al uso. Todo aquesto es por encanto.
Lisinio	No temas; vente conmigo, que Constantino venció.
Mingo	Mas, ¡arre allá!
Lisinio	Ya quedó

muerto el tirano enemigo.

Mingo   El parabién le vó a dar.

Lisinio   ¡Buen valor en ti se emplea!

Mingo   Pondré, si llego a mi aldea,
escuela de adivinar.

(Vanse los dos. Salen Constancio, Cloro, Elena, Irene, y soldados.)

Cloro   Yo, cruz divina, os prometo
buscar en vos nuestro bien,
y dentro en Jerusalén,
aunque os encubra el secreto
   del idólatra y hebreo,
no descansar hasta hallaros,
y desde hoy entronizaros
por el más noble trofeo
   que conserva la memoria.
Solo al soberano Dios,
que fue el sacrificio en vos,
atribuyo esta victoria.

Irene   ¡Ingrato a los dioses pagas
la ventura que hoy te han dado!
Un hombre crucificado,
por más que le satisfagas,
   no pudo victoria darte;
Júpiter sí, que es Dios solo
con sus rayos de oro, Apolo,
y con sus rigores Marte.
   No busques prendas infames
de un patíbulo afrentoso,

o deja de ser mi esposo,
y tuya más no me llames.

Elena

Hijo, Cristo es el eterno;
quien no le adora se ofusca.
La cruz soberana busca,
noble asombro del infierno.
Vamos a Jerusalén.

Irene

Si niegas la adoración
de los dioses, tu afición
mintió. No me quieres bien.

Elena

Por Dios se ha de dejar todo.

Irene

No imagines que he de amarte,
si a Apolo dejas y a Marte.

Elena

Paga con heroico modo
aquesta victoria a Cristo.
Busca su cruz soberana.

Irene

No sigas la ley cristiana
que firme ves que resisto,

Elena

Ingrato eres si la dejas.

Irene

A mi amor eres ingrato
si la sigues. Poblar trato
el aire de justas quejas,
si menosprecias mi amor
por un madero insensible.

Cloro

¿Vióse aprieto más terrible?

¿Vióse confusión mayor?

Irene

Yo sé que me antepondrás
a Cristo, si bien me quieres.

Elena

Augusto por la cruz eres;
¿por qué a buscarla no vas?

Cloro

¿Qué haré en duda tan esquiva,
que tan perplejo me tiene?
Amo a Cristo; estimo a Irene;
mas ¿qué importa? ¡Cristo viva!
Su cruz vamos a buscar.

Irene

Oprobio de Emperadores,
que la ley de tus mayores
quieres, bárbaro, dejar.
No esperes que el vituperio
de tu vil intención siga;
ya es Irene tu enemiga;
yo te quitaré el imperio;
en odio mi amor trocado;
que yo no he de ser mujer
de un hombre que da poder
de Dios a un crucificado.

(Vase Irene.)

Cloro

Espera, el paso reporta;
muda el bárbaro consejo:
mas, si por la cruz te dejo
en que murió Dios, ¿qué importa?

(Sale Andronio, atravesado por una flecha, y empuñando la bandera de las águilas.)

Andronio

Las águilas imperiales
en que idólatra adoré
los dioses con mala fe,
postro a tus plantas reales.
Herido de muerte estoy,
que Júpiter, torpe y vano,
no me defendió, tirano;
que no es Dios diré desde hoy.
Perezca su ley lasciva.
Apelo a un Dios verdadero.
En la ley de Cristo muero,
Constantino, ¡Cristo viva!

(Vase. Sale un Cristiano con la bandera de la cruz.)

Cristiano

El estandarte divino
que al Dios humano enarbola
y con su sangre acrisola,
ha vencido, Constantino.
A su victoriosa mano
tus victorias atribuye,
pues tus contrarios destruye.

Cloro

¡Oh, valeroso cristiano!
Mi alférez eres mayor.
Pisen águilas romanas,
ciegas, bárbaras y vanas,
los pies de un emperador;
adórnese mi corona
con la Cruz, que es nuestro amparo.
Honre desde hoy mi labaro,

y autorice mi persona,
     ley divina. Aunque lo estorbe
el infierno a su pesar,
os he de hacer adorar
desde aquí por todo el orbe.

(Salen Lisinio con el estandarte y cabezas y Mingo.)

Lisinio   Cien cabezas prometí
de los enemigos darte.
Cincuenta aqueste estandarte
vale, que te ofrezco aquí;
     otras cincuenta te doy,
con que cumplo mi promesa.

Mingo   Y la mía en esta empresa
te presento, que a fe que hoy,
     según son las cabezadas
que la han dado, si las cuentas,
que vale más de trecientas.
No más guerra y cuchilladas.
     A mi aldea he de tornarme.

Cloro   Lisinio, de tu valor
has dado muestra mejor
que imaginé. A presentarme
     vienes hazañas, que intento
premiar. Pues que las trujiste,
tu juramento cumpliste.
Cumpliré mi juramento.
     La mitad juré de darte
del imperio, si mi suerte
me le daba. Hoy has de verte
Augusto. Goza la parte

que justamente te toca.
Vasallos, Lisinio es
César.

Lisinio   Deja que en tus pies
selle, gran señor, mi boca.

Cloro   Pero has de jurar primero
dos cosas.

Lisinio   Si de ellas gustas,
claro está que serán justas.
Propónlas.

Cloro   Que jures, quiero
no perseguir los cristianos,
sino honrarlos y querellos,
pues tengo mi dicha en ellos.

Lisinio   Yo lo prometo en tus manos.

Cloro   Has de jurar, lo segundo,
no levantarte jamás
contra mí.

Lisinio   No me verás,
aunque se alborote el mundo,
con falso y villano trato
y torpe conjuración,
hacerte jamás traición,
que eso fuera serte ingrato.
Yo lo juro, gran señor,
en tus imperiales manos.

Cloro	¡Viva Lisinio, romanos!
Todos	¡Viva por Emperador!
Cloro	Alza; y vos, madre y señora, venid conmigo a buscar la Cruz que he de entronizar en cuanto cine el aurora. Prevenga Jerusalén triunfos a la Cruz divina.
Elena	Dios tu corazón inclina. Monarca cristiano, ven.
Mingo	Yo y todo tus pasos sigo. Cristiano, aunque aporreado, soy desde hoy, y no soldado. La guerra y golpes maldigo.
Cloro	Bautizará a Constantino de Roma el sacro pastor.
Mingo	Y a mí y todo, aunque mejor me bautizará con vino.
Cloro	El madero soberano busquemos, que a amar me obliga su señal, y el campo diga, Lisinio, César romano.
Todos	¡Lisinio, César romano!

Fin de la segunda jornada

Jornada tercera

(Salen Irene e Isacio.)

Irene
¿A un villano, a un Lisinio la corona
de Roma? Mas ¿qué mucho, si es villano,
que autorice su misma semejanza?
El monarca romano
los dioses deja, y bárbaro pregona
a Cristo, del hebreo vil venganza.
No verá su esperanza,
Constantino, cumplida
mientras a Irene el alma diese vida.
Isacio ya el amor se ha convertido
en lícito rigor, en odio justo.
¡Plegue al cielo, si más le amare Irene,
que cautive mi gusto
un alarbe cruel, y que querida,
me aborrezca y dé celos! No conviene
que con triunfo solene
por César le reciba
Roma, ni que la ley de Cristo siga.

Isacio
Murió Constancio, y con la viuda Elena
partió a Jerusalén, supersticioso,
a buscar el madero, que castigo
dio a un hombre sedicioso.
¡Justa y debida pena
de un hombre que a su patria fue enemigo!

Irene
Búsquela, que conmigo
en odio se convierte
el amor, que aspirando va a su muerte.
Isacio, de tu amor y fe constante

obligada, pretendo, en premio justo,
darte el alma rendida con la mano
si das muerte al Augusto,
que, ciego e ignorante,
los dioses niega, el nombre honra cristiano.

Isacio   Por bien tan soberano
diera muerte, no solo
a Constantino —a Júpiter y a Apolo.

Irene   Lisinio es éste que el gobierno goza
de Roma, mientras halla Constantino
la cruz que estima y su valor infama.

Isacio   Si halláramos camino,
pues nuestra ley destroza
el loco emperador que a Cristo llama,
para engañar a este hombre,
Roma me diera de su imperio el nombre.
Finge que, si contra él fiero se conspira,
serás su esposa, le darás la mano,
que tu hermosura más que aquesto alcanza,
y el bárbaro villano
si en tu beldad se mira,
rendirá su lealtad a su esperanza,
y dándonos venganza,
matando a Constantino,
serás mi esposa.

Irene   ¡Ingenio peregrino!
Apruebo tu consejo. Éste, atrevido,
por sus hazañas, con valor extraño,
alcanzó el trono augusto y opulento.
Si con amor le engaño,

| | verá Roma cumplido
mi nuevo amor y justo pensamiento,
y el matador violento
pagará su delito. |

Irene   Él viene.

Isacio   Mi venganza solicito

(Sale Lisinio, de emperador.)

Lisinio (Aparte.)   (Mucho a Constantino debo.
Emperador soy por él;
cumplió el presagio el laurel,
propicio a mis dichas Febo.
    Pero esto de compañía
reinando me da tristeza.
Solo pide una cabeza
el nombre de monarquía;
    luego, no seré monarca
mientras que reinemos dos.
Un Sol solo, siendo Dios,
la esfera del cielo abarca;
    un planeta solo tiene
cada cielo, y es mayor
que la tierra.)

Irene   ¡Gran señor!

Lisinio   ¡Oh, hermosa y divina Irene!

Irene   ¿De que viene pensativo
vuestra alteza?

Lisinio   El gobernar
consigo tiene el pesar,
por ser su peso excesivo.

    Hame puesto mi ventura
en lo que no sé si acierto,
pero luego me divierto
en viendo vuestra hermosura.

    Y ojalá que Constantino
su posesión no gozara,
que, nuevo Ícaro volara
a vuestro cielo divino,

    puesto que a su imitación
soberbio como él cayera,
pues muriendo, al fin pudiera
honrar mi imaginación.

    La que yo, Lisinio, tengo
al presente, es olvidar
a quien pretende injuriar
la ley que a defender vengo;

    que el culto que reverencio
de los dioses, han trocado
en odio mi amor pasado.
Venció el César a Magencio

    con el favor soberano
de Júpiter, y en su ofensa,
Constantino ensalzar piensa
la ley y nombre cristiano.

    Y mal por dueño tendrá
mi alma al que en desacato
del cielo, es a Jove ingrato;
pues conmigo lo será

    quien a despreciarlos viene;
y así, aquél que los vengare
y a Constantino matare,

vendrá a ser dueño de Irene.
   Si no es encarecimiento
el amor que me mostráis,
y imperar solo intentáis
—que lo demás es tormento—
   vengad este vituperio,
siendo de esta causa juez,
y ganaréis de una vez
mi voluntad y el imperio.
   ¿Qué dices?

Lisinio   Que dificulto
tan ardua empresa.

Isacio   El amparo
de los dioses está claro
por vos, si en fe de su culto,
   castigáis este tirano.
El reinar sin compañía
es la mayor monarquía.
Mi prima os dará la mano
   y la posesión de Oriente,
si nuestra fe defendéis.

Lisinio   Grande premio me ofrecéis;
gran peligro es el presente;
   pero de dos grandes cosas
se ha de escoger la mayor.
El imperio y vuestro amor
hazañas dificultosas
   merecen; mas pues escucho
el bien a que me provoco,
nunca mucho costó poco.
Si mucho pedís, dais mucho.

Juré al César Constantino
no perseguir los cristianos,
ni con intentos tiranos
abrir ingrato camino
contra él, de traición ni guerra;
mas de los dioses el celo
pueden más, pues en el cielo
reinan, cuando él en la tierra.
No puedo yo ser traidor,
si su ley quiero amparar.
El amor y el imperar
no admiten competidor.
Amor y imperio me espera,
y pues nuestra ley derriba,
el amor de Irene viva,
y el tirano César muera

Irene   Dame esos brazos, valor
de Roma, que dignamente
honra en su lauro tu frente
y en tus méritos mi amor.
que desde hoy, Irene es tuya.

Isacio   Llámate restauración
de su ley nuestra nación.
Constantino se destruya.
Reine Lisinio, no más,
en el mundo y en Irene.

Lisinio   Trazar el cómo, conviene.

Irene   En Roma por él estás.
Disfrazados y encubiertos
a Jerusalén partamos,

y en ejecucion pongamos
deseos que saldrán ciertos,
    pues los dioses nos amparan;
que encubiertos y fingidos,
antes de ser conocidos
de los que a Cristo declaran
    por Dios, podremos matarle.
Y en fe que el alma te adora,
Yo he de ser ejecutora
de esta hazaña. Yo he de darle
    la muerte; que mi rigor
muestro cuando en él me vengo;
que en más a los dioses tengo
y su culto, que mi amor.

Lisinio   Alto, pues. Haga el efeto
lo que la lengua propone.
Mi juramento perdone,
y ampárenos el secreto.
    Goce yo el globo del mundo
y el laurel que adora Apolo,
imperando en Roma solo,
siendo Rómulo segundo,
    y la belleza de Irene
disculpe aquesta traición.

Irene   Mis brazos, en galardón,
la voluntad te previene,
    con mi venganza cumplida

Lisinio   Presto muerto lo verás.

Isacio (Aparte.)   (Y tú después pagarás
este insulto con la vida.)

(Vanse todos. Salen Judas, viejo, Leví y Zabulón, judíos.)

Judas	¡No pasó nuestra nación desde Vespasiano y Tito tal persecución, Leví.
Leví	No tuvieron los judíos tal desdicha, tantas plagas, aunque cuente las de Egipto.
Zabulón	Ni Nabucodonosor, monarca de los asirios, ni las de Antioco fiero, como las de Constantino.
Judas	¡Que se haya un emperador aficionado de Cristo de tal suerte! ¡Que defienda con tanto amor el bautismo, y que la cruz nos demande, y si no la descubrimos, a muerte vil nos condene, a tormentos y martirios!
Todos	¡Guayas! ¡Guayas de nosotros!
Judas	Su madre le ha persuadido que a tormentos nos la saque. Para aquesto Elena vino.
Leví	Pues el comisario fiero que ha nombrado por ministro y ejecutor de este caso...

| Zabulón | ¿Ni dádivas ni suspiros |
| | son bastantes a ablandalle? |

Judas	¡Que un bárbaro, que un indigno
	de ser hombre nos persiga
	¿Vióse más cruel castigo?

| Leví | ¡Que un hombre tan ignorante |
| | nos tenga tan oprimidos! |

Judas	Si no le damos la cruz,
	si no decimos el sitio
	donde de nuestros pasados
	estar oculta supimos,
	este bárbaro feroz
	ayer, colérico, dijo,
	que nos había de azotar
	y pringarnos con tocino.

| Todos | ¡Guayas! ¡Guayas de nosotros! |

| Zabulón | ¡Que a este punto haya venido |
| | nuestra mísera nación! |

| Leví | Éste es. |

| Judas | De verle me aflijo. |

(Sale Mingo, vestido de comisario graciosamente, con ropa de levantar y gorrilla.)

| Mingo | ¿Qué hay, hermanos narigones? |
| | ¡Loado sea Jesucristo! |

Respondan todos, «amén»
de rodillas y de hocicos.
¿Callan? Respondan «amén»,
o habrá latigazo fino.
Digan «amén», Judiotes.

Judíos   «Amén», humildes decimos.

Mingo   ¿Cómo les va de cosecha
aqueste año de tocino?
¿Ha habido mucho solomo?
¿Qué chicharrones, han frito?

Judíos   Prohíbelo nuestra ley.

Mingo   Pues yo no se los prohibo.
Coman conmigo mañana,
que a salchichas los convido.

(Paséase muy grave y habla a Judas.)

       ¿Cómo os llamáis voa?

Judas   Señor,
Judas es el nombre mío.

Mingo   ¿Judas el Iscariote,
de aquel saúco racimo?
¿Cómo no tenéis las barbas
rubias ieh! Judas maldito?
Enrubiáoslas, noramala,
o mudáos el apellido.

Judas   Señor, estoy cano y viejo.

102

Mingo	¿Estáis viejo? Pues teñíos,
	y andaréis al uso nuevo,
	aunque en los años, antiguo.
(A Leví.)	¿Qué narices son aquéstas?
Leví	¿Cómo han de ser?
Mingo	¡Oh, qué lindo!
	No son éstas de la marca,
	hermanos, de los judíos.
	Esas son narices romas
	y hidalgas.
Zabulón	¡Señor!
Mingo	¡Pasito!
	Sabéis que es el comisario
	de vuestras narices, Mingo.
	Quítense ésas luego, luego.
	so pena de un romadizo
	por dos años y dos meses,
	y miren que ya me indigno.
	Pónganse otras de dos gemes.
Judas	¿Hay más torpe desvarío?
Mingo	Con narices garrafales
	tienen de andar. ¡Vive Cristo!
Zabulón	¡Señor!
Mingo	Esto se ha de hacer.
	No replique.

Zabulón	No replico.
Mingo	¿Con naricicas me vienen enanas?
Judas	¡Ay, cielo impío!
Mingo	¿Qué hace la sinagoga? ¿Cómo va de sabatismo? ¿Su Mesías cuándo llega? ¿Viene en mula o en pollino?
Judas	No profanes nuestra ley.
Mingo	Como es lejos el camino, si viene a pie, quedaráse en algún mesón dormido. ¿No dan orden que parezca la cruz?
Zabulón	Si no hemos sabido dónde está, ¿qué hemos de hacer?
Mingo	Luego, ¿búrlanse conmigo? Pues los judicame Deus adviertan lo que les digo; que si la cruz no parece el sábado o el domingo, ha de criar en su casa un lechón cada judío, y con regalo y amor tratarle como a sí mismo.

Judas	¿Lechón? Nuestra ley lo veda.
Mingo	Vede o no, yo soy ministro, y han de hacer lo que les mando. No repliquen.
Judas	No replico.
Mingo	A fe de archicomisario, si no callan y me indigno, que he de mandar que en la cola besen.
Judas	¿A quién?
Mingo	A un cochino. Han de acostarle en sus camas, ya esté puerco, ya esté limpio, y darle la delantera, que es lugar de los maridos.
Zabulón	Señor, no permitas tal.
Judas	Señor, humildes pedimos que interceda por nosotros el oro de este bolsillo. Cien escudos hay cabales.
Mingo	Soy ministro; no recibo. Pero ¿no sois Judas vos?

(Apárale en la manga.)

Judas	Éste es, señor, mi apellido.

Mingo	¿Cómo os atrevéis a dar cien escudos, fementido? Si fueran treinta dineros, fuera el número cumplido en que vendisteis a Dios.
Judas (Aparte.)	(¡Que así nos trate, Dios mío, un villano, un ignorante!)
Mingo	Oigan lo que mando y digo. Pongan en todas sus puertas, para honrar sus frontispicios, cada uno una cruz.
Todos	¡Señor!.
Mingo	No repliquen.
Judas	No replico.
Mingo	¡Por vida del comisario! voy a recoger bolsillos por todos los judaizantes. Parezca la cruz de Cristo, o si no, de los lechones serán ayos.
Todos	¡Señor mío!
Mingo (Aparte.)	(Desde aquí quiero escuchar lo que tratan, escondido, y si murmuran de mí, yo haré que sueñen a Mingo.

(Escóndese Mingo, y se va al poco rato, cuando se indique.)

Zabulón   ¿Fuese?

Judas   Sí.

Zabulón   ¿Que hemos de hacer
                 si azotados y oprimidos,
                 por no parecer la cruz
                 nos da muerte Constantino?

Judas   Enterráronla en un monte
                 nuestros pasados y antiguos,
                 diciéndonos el lugar,
                 el cual, de padres a hijos
                 sabemos por tradición;
                 pero muertes ni peligros
                 no nos tienen de obligar
                 a descubrilla.

Mingo (Aparte.)   (¡Oh, qué lindo!
                 ¡Vive Dios! que es de provecho
                 mi cauteloso escondrijo.
                 La verdad voy apurando.
                 Sacaréla presto en impío.)

Zabulón   Pues ¿cómo nos libraremos
                 de la muerte y el castigo
                 que nos está amenazando?

Judas   Escuchad aqueste arbitrio.
                 Labremos luego otra cruz,
                 pues es de noche, de pino,

y enterrándola, diremos
que es en la que murió Cristo.

Zabulón   ¡Linda traza!

Leví   ¡Bravo enredo!

Mingo (Aparte.)   (Si no estuviera escondido
el lobo tras las ovejas,
pegáranla, ¡vive Cristo!
¿Cruz fingida? ¡Narigones!
A Elena voy a decirlo,
y con el hurto en las manos
los hemos de coger vivos.)

Judas   Zabulón, trae un candil.

Mingo (Aparte.)   (¡Qué propia luz de judíos!)

Judas   Ve, Leví, por la madera;
trae la azuela y el cepillo.

Zabulón   Vamos.

Mingo (Aparte.)   (Vayan, norabuena,
que yo me escurro pasito
para que Elena los coja
como babos en garlito...)

(Vase Mingo.)

Judas   ¿Cuándo tienes de venir,
Mesías santo y divino,
y librar tu pueblo triste

de tanto daño y peligro?

Zabulón Estos son los instrumentos:
luz, escoplos y martillo.

(Sacan un candil encendido, y unos maderos para hacer la cruz, y herramienta.)

Judas Alumbrad, pues, y daré
a nuestro engaño principio.

Leví La cruz en que nuestra gente
hizo heroico sacrificio
de aquel hombre galileo,
que adora el mundo por Cristo,
dicen que de cedro fue,
y haciéndola tú de pino,
dudarán de esta verdad
los cristianos atrevidos.

Judas Eso está dudoso agora,
altercado entre ellos mismos
con diversas opiniones
y pareceres distintos,
Leví, sobre esa materia.
Unos dicen que se hizo
del árbol en que pecó
Adán en el paraíso,
porque desterrado de él,
un ramo llevó consigo
de aquella planta, que fue,
nuestra pena y su castigo;
y plantándole lloroso
en este monte divino,

donde Salomón después
hizo el templo ilustre y rico.
Creció, emulación del cielo,
y por extraño prodigio
nació una fuente del tronco,
de quien a formarse vino
la saludable piscina,
que de dolores distintos,
al movimiento del ángel,
sanó tantos afligidos.
Hizo Salomón cortarle,
por ser estorbo del sitio
que eligió, sabio y discreto,
para el célebre edificio;
y enamorado de verle,
aplicarle al templo quiso
para artesón de su techo,
que asombró al arte corinto.
Labráronle codiciosos.,
y ya compuesto y pulido
procuraron aplicarle
en el pavimento rico;
pero por misterio oculto,
ya siendo grande, ya chico,
desmintiendo arquitectores,
nunca a la fábrica vino.
Por lo cual desesperados,
juzgándole por indigno
e inútil del templo santo,
mandaron que por castigo
en la piscina le echasen.
Hundióse, pero nacido
el Nazareno que adoran
los cristianos enemigos

sobre las aguas salió.

Zabulón   ¡Misterio jamás oido!

Judas   Y sacándole de allí,
le echaron en un camino.
por donde corre en cristales
el Cedrón, arroyo limpio,
puesto que tal vez crecientes
le dan ambición de río.
Sirvió en él de puente y paso,
hasta que por sus delitos
a muerte de cruz sentencia
el pretor romano a Cristo,
que por ver que era pesado,
decretaron los judíos
que dél se hiciese la cruz,
como en fin, a hacerse vino.
Murió en ella, y los cristianos
supersticiosos han dicho
que es digno de adoración,
haciéndole sacrificios.
Escondiéronle por esto
nuestros padres, y escondido
por tradición nos dejaron
donde estaba. Constantino,
que a Cristo manda adorar
con generales edictos
con tormentos nos compele
a dársela.

Zabulón   Yo no afirmo
eso de aquesos milagros,
aunque así lo hayan escrito

111

los cristianos hechiceros.

Leví   Ni yo; solamente digo
                  que con la fingida cruz
                  que labráis, a Constantino
                  engañamos pues dichosos
                  de tantos males salimos.

(Los dichos han estado trabajando en la cruz y salen Elena, Mingo y gente.)

Mingo   Ésta es la pura verdad,
                      y agora lo puedes ver.

Elena   ¿Qué hacéis aquí?

Judas   La crueldad
                      y desdicha debe ser
                      de nuestra infelicidad.

Zabulón   ¡Guayas de mí! ¿Qué diremos?

Elena   ¿Qué hacéis aquí?

Judas   Gran señora,
                      del comisario tenemos
                      expreso mandato agora
                      que si la cruz no ponemos
                          sobre las puertas de casa,
                      nos ha de mandar quemar,
                      que por saber lo que pasa
                      la queríamos labrar.

Mingo   Buena excusa!

112

Leví	¡Ay, suerte escasa!

Mingo	¡Chilindrinas para Elena!
	Judíos, todo lo sabe,
	y daros la muerte ordena,
	porque a vuestra culpa grave
	iguale también la pena.
	   Por ocultar la cruz santa
	que buscas, labrar querían
	ésta, que va los espanta,
	y enterándola decían
	que por ser la instancia tanta,
	   decir que es la verdadera
	ésta que ahora labraban,
	y con aquesta quimera
	librarse de ti intentaban.
	              [-era]
	Escondido, desde aquí
	esta traición escuché.

Elena	¿Traidores, esto es así?
Judas	Lo que te he contado fue.
Mingo	No es sino lo que yo oí. Mándalos a puros tratos de cuerda que el sitio digan de la cruz, cuyos retratos labran.
Leví	¡Que nos persigan tanto los cielos ingratos!
Elena	Decid dónde está el madero

dónde el eterno Abrahán
sacrificó al verdadero
Isaac, y el dedo de Juan
nos mostró el tierno cordero,

Leví

Señora, a tener noticia
de él, huyéramos sin duda
el temor de tu justicia;
el rigor en piedad muda

Mingo

Que la esconden de malicia,
señora.

Elena

¡Oh, infame gente,
incrédula y contumaz!
¡Vive el Rey omnipotente,
que restauró nuestra paz
y en la cruz murió obediente;
que os he de quitar la vida
a tormentos! Vayan presos.

Mingo

Garrucha hay apercibida,
judíos, mas no confesos,
nones dicen.

Judas

Bien perdida
será, pues tú lo dispones,
gran señora.

Elena

Andad, ingratos.

Mingo

Yo, judíos socarrones,
os daré a pares los tratos
mientras dijéredes nones.

114

(Vase Mingo con los judíos. Sale Cloro.)

Cloro   ¿Qué es esto, madre y señora?

Elena   Diligencias, hijo mío,
son de la cruz, en quien fío
que tengo de hallarla agora.
    Tormento tengo de dar
a cuantos hebreos hallare
mientras la tierra ocultare
de Dios el divino altar
    en que se pagó a sí mismo,
y en cuya ara misteriosa
halló la iglesia, su esposa,
su fuente y nuestro bautismo.

Cloro   Palma divina, regalado cedro
del fruto más sabroso y más suave
que la tierra gozó; nido del ave
del cielo, y no de Arabia, por quien medro.

Elena   Restauración de Adán, cuyo desmedro
originó la culpa al hombre grave;
árbol mayor de la divina nave
que Andrés requiebra, que gobierna Pedro.

Cloro   Merezca hallaros yo, laurel divino.

Elena   Alivie vuestro hallazgo nuestra pena.

Cloro   Enriqueced a Elena y Constantino.

Elena   Sin vos no hay bien.

Cloro   Sin vos no hay suerte buena.

Elena   Llave del cielo sois. Abrid camino.

Cloro   Constantino os adora.

Elena   Y busca Elena.

(Sale Mingo.)

Mingo   Ellos dirán la verdad,
                 gran señora, aunque les pese.

Cloro   Escuchad; ¿qué traje es ese?

Mingo   Digno de mi autoridad.
                   Comisario soy, señor,
                 de toda la judiada
                 que la cruz tiene ocultada.

Cloro   ¿Quién te la dio?

Mingo   Mi valor.
                   Si indicios he descubierto
                 de la cruz que oculta está
                 y tu madre sabe ya,
                 ¿parécete desconcierto
                   que comisario me nombre?
                 De ellos en oro he cobrado
                 salarios que no me has dado,
                 que no soy piedra, soy hombre,
                   y he de comer.

Cloro	Basta, basta.
Elena	Indicios tengo, hijo mío, de hallar la cruz en quien fío.
Mingo	La gente es de mala casta, pero no seré yo Mingo, o Jerusalén verá si la cruz oculta está, que con tocino los pringo.
Cloro	El cielo nos dé a los dos tal ventura.
Elena	¡Ay, árbol santo! ¿Por qué nos dilatáis tanto la dicha que estriba en vos?

(Vase Cloro. Mingo trae a Judas, atado en una garrucha.)

Mingo	Aquí está la guindaleta y el delincuente.
Elena	Colgadle hasta que la verdad diga.
Mingo	Traidor, diréisla en el aire, pues no queréis en la tierra.
Judas	¡Ay, guayas de mí!
Mingo	Aunque guayes más que cien niños de teta.

Judas	¿Vos sois verdugo? Y alcalde. Confiesa, perro.
Elena	Decid, ¿en qué lugar, cueva o parte os dijeron que escondida está la cruz, vuestros padres?
Judas	No sé nada. ¡Ay! No me ha dicho cosa, mi señora, nadie, que a saberlo, lo dijera. ¡Ay!
Elena	Dadle otro trato; dadle.
Mingo	¡Ah! Judas, como él colgado. ¡Ojalá que reventases de la suerte que el primero!
Judas	¡Ah! ¡sayón!
Mingo	¡Ah! ¡Escriba infame!
Elena	¿Dónde está el ara divina, deificada con la sangre de mi Dios?
Judas	¡Ay! No lo sé.
Mingo	Aunque más arrojes ayes te tengo de columpiar. Otra «qui volta» tiradle.
Judas	¡Ay!

Elena	Di la verdad.
Judas	Sí, haré. Haz, señora, que me bajen.

(Bájanlo.)

Elena	¿Dónde está la Cruz divina?
Judas	No sé, señora.
Elena	Sí, sabes.
Mingo	¡Oh! ¡Borracho! ¿Para aquesto pediste que te bajasen?
Elena	Hebreo, di donde está, o mandaré que te maten
Judas	Si no lo sé, ¿cómo puedo decirlo, por más que mandes?
Elena	Atormentadle otra vez.
Mingo	¡Ah, de arriba! Columpiadme a este niño.
Judas	¡Ay, que tormento!
Elena	¿Dónde está la cruz, que es llave del alcázar celestial?
Judas	¡Ay! yo lo diré.

Mingo   En el aire,
porque mientras no lo diga,
no hay pensar que han de bajarle.

Judas   Enterrada está en un monte
entre el Tigris y el Eufrates.

Mingo   Ya lo dijo.

Elena   ¿Dónde?

Mingo   Dice
que entre los tigres y frailes.

Elena   Morirás en el tormento
traidor, mientras no declares
donde está mi amada prenda.

Judas   ¡Ay! La maldición te alcance
de Sodoma y de Gomorra.

Mingo   ¡Oh! Rabino, al fin cobarde;
¿mi gorra, que culpa tiene,
que la maldices?

Judas   ¡Ayudadme,
Dios de Jacob, Dios de Isaac,
Mesías santo!

Mingo   Aunque llames
al menjuí y al ambar gris.

Judas   Haz señora, que me abajen,

120

que yo la verdad diré.

Elena   Bájenle pues, y matadle
si donde está no confiesa.

Judas   ¡No es posible ya que calle,
que me quebrantan los huesos
y me atormentan las carnes.
¡Adios, secretos ocultos!
¡Dios de Israel, perdonadme!
En el monte de Sión
hicieron que se enterrase,
los antiguos de mi ley,
y q ue encima edificasen
una casa deshonesta,
donde mujeres infames
con ganancia torpe y vil
aquel lugar profanasen.
Después Adriano César
mandó poner una imagen
o estatua suya, y que allí
como deidad le adorasen.
Mas, vamos, señora allá
y donde dijere, caven,
que yo sacaré la cruz,
aunque mis deudos me maten.

Elena   Vamos pues. ¡Ay, árbol mío!
inido santo de aquel ave,
que es Fénix de nuestro amor,
y en ti permitió abrasarse!
Si merece mi ventura
que venga, mi cruz, a hallarte,
yo haré que de plata y oro

121

un templo ilustre te labren,
donde te adoren y estimen,
y que el Monarca mas grave
por timbre de su corona
tu figura santa enlace.
Avisen a Constantino,
acudan sus capitanes,
sus príncipes vengan todos,
los sacerdotes se llamen.
Instrumentos venturosos
traigan que la tierra aparten
que esta joya santa oculta,
digna de reverenciarse.
Yo os haré muchas mercedes
si esta joya viene a hallarse
por vos.

Judas   Yo la sacaré.

Mingo   Pues la verdad confesaste,
ya serás de hoy más confeso.

Elena   ¡Ay, palma hermosa y suave!

Judas   ¡Ay, descoyuntados huesos!

Mingo   ¡Ay, qué tocino he de darte!

(Vanse todos. Sale Cloro y criados. Siéntase en una silla con un retrato en la mano, y vanse los criados.)

Cloro   Dejadme solo este rato,
ya que está ausente mi Irene,
si alma una pintura tiene,

hablaré con su retrato.
Similitud de un ingrato
pecho, que encendiendo el mío,
le provoca al desvarío
de un receloso desdén,
¿por qué, queriéndote bien
espero, si desconfío?

  ¿Es posible que el amor
de tu dueño fue fingido?
Pero sí, que tanto olvido
dimana de su rigor.
Porque de Cristo el favor
sigo, ¿es razón que me deje
Irene, y de mí se queje?
Si de veras me quisiera,
mi ley Irene siguiera;
pero no hay quien la aconseje.

  Los dioses falsos adora,
que es falsa su voluntad,
y en mujer la falsedad
siempre salió vencedora.
¡Quien verla pudiera agora!
Un sueño me inquieta en vano.
Dormir quiero. Amor tirano,
mi peligro conjeturo,
que no dormiré seguro,
con mi enemiga en la mano.

(Duérmese. Salen Irene, Isacio y Lisinio, de villanos.)

Lisinio   Entrado hemos en su tienda,
                        sin habernos conocido
                        nadie en el disfraz fingido
                        que nuestros pasos ofenda.

Irene	Hoy la venganza encomienda
	las armas a mi rigor;
	mi agravio es ejecutor
	pues viene a satisfacerme.
	Pero ¿no es éste que duerme
	el mudable emperador?

Isacio	Él es, y los dioses altos
	en fe que los ha ofendido,
	te le dan, prima, dormido.

Irene (Aparte.)	(Amor todo es sobresaltos.
	Dentro el pecho, dando saltos
	el corazón, inquieto anda.
	Matarle el rigor me manda;
	la voluntad no obedece,
	pues si la ira la endurece,
	con su presencia se ablanda.
	Pero venza la razón
	y el desprecio de mi ley.)

Lisinio	¿Qué aguardas?

Irene	Si el gusto es ley,
	monarcas mis celos son.
	Cobrarán satisfacción
	con su muerte. Amor, no hay más,
	sujeto a mi agravio estás.
	Satisfacerle colijo.

(Cloro habla en sueños.)

Cloro	¡Ay, Irene!

Irene (Aparte.)   (¿Irene dijo?
Pues vuélvome un paso atrás.
   Quien durmiendo sueña en mí,
no me querrá mal despierto,
ni es bien que yo llore muerto
a quien vivo el alma di;
mas, ¡muera!)

Cloro   ¡Qué! ¿Te perdí?
Irene mía. ¿Qué? ¿Estás
ausente? Mal pago das
a quien el alma te dio.

Irene (Aparte.)   (¿Suya el César me llamó?
pues doy dos pasos atrás;
   que si por suya me tiene,
traidor sera mi rigor
si da muerte a su señor
quien a darle el alma viene.
Con el retrato de Irene
dormido está cuando estoy
para matarle. ¿Yo soy
amante? ¿Hay tal desvarío?
¡Vos con el retrato mío!
Dos mil pasos atrás doy.
   ¡Mal haya el primero, amén,
que las armas inventó,
si tengo de llorar yo
por ellas el mayor bien!
¡Afuera, ingrato desdén!
¡Fuera, venganza atrevida!
que quien ama tarde olvida,
y si lo intenta, no acierta.)

Despierta, César, despierta,
que está en peligro tu vida.

Cloro   ¡Válgame la cruz sagrada!
¿Qué voz el cielo me envía?
¡Irene del alma mía!

Irene   ¡Prenda por mi bien hallada!
A matarte vine airada,
pero ¿cuándo supo amor
ejecutar el rigor
en presencia del que adora?
Contra esta mano traidora
contra su esposo y señor
    Venga tu agravio en Irene.

Cloro   Si haré con aquestos brazos,
que con amorosos lazos
mi ventura se previene.

Irene   Lisinio a matarte viene
y Isacio, aunque el ser mi amante
le disculpa.

Cloro   ¿Hay semejante
traición? ¿hay atrevimiento
igual?

Lisinio   ¡Oh, mujeres! ¡Viento
en la inconstancia!

Cloro   Villano,
¿tú contra mi? ¿Tú, tirano?
¿Y el propuesto juramento?

Lisinio	El verte seguir a Cristo, de Irene las persuasiones, desleales ambiciones me obligan a lo que has visto.
Cloro	¿Cómo mi enojo resisto?
Isacio	A tus pies pido, señor, perdón, si basta el amor a disculpar mi delito.
Irene	Si tu cólera limito, perdona a Isacio por mí.
Cloro	Yo le perdono por ti, que en todo, mi bien, te imito. Y a ti, Lisinio traidor, indigno de mi corona; que el que injurias no perdona, no se llame emperador.
Lisinio	Dame esos pies.
Cloro	Mi valor se venga de esta manera. Darte la muerte pudiera que piden tus tiranías, pero las ofensas mias no se vengan. Oye, espera.
Lisinio	¿Qué mandas?
Cloro	Dos juramentos

hiciste, que has quebrantado.
Ya el uno está perdonado,
y en él tus atrevimientos.
Con martirios y tormentos
los cristianos perseguiste;
a infinitos muerte diste,
asombro siendo del mundo,
y el juramento segundo
bárbaro y cruel rompiste.

   Bien puedo yo perdonar
mis agravios, pero no
los de Dios, que me mandó
sus contrarios castigar.
Vengan en ti a escarmentar
desleales y crueles,
y los romanos laureles
sepan en mi desatino
que así venga Constantino
la sangre de sus Abeles.

(Dale muerte dentro.)

Irene   ¡Matóle! ¡Heroico valor!
Pero es justo aqueste pago
de mis servicios. ¿Qué estrago
hizo jamás el rigor
yéndole a la mano amor?
Refrenaron mis enojos
su vista.

Isacio   Leves antojos
te disculpan, enemiga.

Irene   Nadie que se venga diga

si ve a su amante a los ojos.

(Vanse todos. Salen Elena, Mingo, y Judas, con azadas.)

Elena

    Cruz divina, en quien adoro,
si yo os hallo, si yo os veo,
rico queda mi deseo,
infinito es su tesoro.
    La primera quiero ser
que saque, mi cruz, la tierra
que como mina os encierra.
Merézcaos mi dicha ver.

Judas

    En aqueste monte está,
conforme la tradición,
señora, de mi nación.

Mingo

De sepulcro os servirá
    el hoyo que hemos de abrir,
si no parece, judío.

Judas

    Que hemos de hallarla, confío.

Elena

Ni el oro que ofrece Ofir,
    mi cruz, se iguala con vos,
ni las riquezas del Asia,
ni el cinamomo y la casia,
que sois árbol de mi Dios,
    lleno de valor divino.

Mingo

Comencemos a cavar.

Elena

Haced primero llamar
a mi hijo Constantino;

no pierda el precioso hallazgo
de esta joya soberana,
pues en ella el César gana
tan ilustre mayorazgo.

Mingo   Voyle a llamar; pero él viene,
trocando el cetro en azada.

(Salen Irene Y Cloro con una azada.)

Cloro   Murió el tirano, y mi espada,
hermosa y querida Irene,
   a vuestros pies, si es capaz,
mi bien, del que en vos encierra,
trueca mi enojo y su guerra
en vuestra amorosa paz.

Irene   Con tanto gusto la admito,
generoso emperador,
que en fe de mi firme amor,
en cuanto hacéis os imito.
   La cruz preciosa buscad,
que yo desde aquí, con vos,
a Cristo tendré por Dios
rendida mi voluntad;
   que quien a un César obliga
a que la tierra grosera
cave de aquesta manera
y humilde sus pasos siga,
   no es posible que no tiene
fuerza de Dios y valor.

Cloro   Echaste el sello a mi amor,
discreta y hermosa Irene,

y si idólatra te amé,
contra nuestra ley tirana,
ya agradecida y cristiana
Sol de mis ojos te haré.

Elena   Hijo, solamente a vos
os aguarda mi deseo
para buscar el trofeo
y triunfo eterno de Dios.
   Con ese humilde instrumento
mostráis mayor majestad
que con él autoridad
de vuestro imperio opulento.
   Vamos los dos a este monte,
preñez del parto que espero,
nacerá el Sol verdadero
que dé luz a este horizonte.
   Yo he de dar, postrada en tierra,
la primera azadonada.

Cloro   Si es, madre y señora amada,
el depósito esta tierra
   del tesoro que esperamos,
pidamos juntos los dos
favor a su fénix Dios.

Elena   Bien dices, hijo, pidamos.

Cloro   Puente divina, en piélago profundo,
que Dios franquea y pasa en mi reparo;
pendón del cielo, e imperial labaro
del Monarca divino sin segundo.

Elena   Báculo de Jacob, en quien me fundo

sustentar mi esperanza; Oriente claro,
antes Ocaso, donde el pueblo avaro
hizo ponerse el Sol, que alumbra el mundo.

Cloro   Arco de paz, que venturoso adoro.

Elena   Cátedra donde Dios leyó de prima.

Cloro   Tálamo del amor, feliz misterio.

Elena   Merezcamos hallar vuestro tesoro.

Cloro   Dadnos la joya que mi suerte anima,
y estableced con ella nuestro imperio.

(Cavan, y suena un gran ruido, y cae una montaña, donde estarán las cruces, y canta una Voz.)

Voz   Constantino, solo a vos
se reserva esta ventura.
Ésta es la cruz que procura
vuestra fe, cama de Dios.

Cloro   ¡Oh, misterio soberano!
¡Oh, celestial interés!

Mingo   Una buscáis, y son tres
las que halláis.

Irene   César cristiano,
derretida por los ojos
sale a ver alegre el alma
este cedro, aquesta palma
que a Dios tuvo por despojos.

Elena	Sí; ¿pero cuál de ellas es la cruz en quien Dios derrama su sangre, y sirvió de cama a su muerte?
Cloro	Aquí están tres. ¿Cómo haremos experiencia de la que es joya infinita?
Judas	Si vuestro Dios resucita muertos la misma excelencia tendrá la cruz verdadera. Manda traer un difunto, y aquella que diese al punto vida al muerto, que no espera, en tocándole, esas dudas satisfará.
Cloro	Buen consejo.
Mingo	Sin fe le habéis dado, viejo; mas ¿qué mucho si sois Judas?
Cloro	A Lisinio muerte di por idólatra y traidor. La cruz le ha de dar favor y vida. Tráiganle aquí.
Mingo	Vamos por él.
Elena	¡Palma santa que veros he merecido!

Cloro	¡Que tal ventura he tenido!
Irene	¡Que por vos, divina planta, salí de la confusión de la ciega idolatría!

(Traen a Lisinio muerto, sobre una tabla.)

Mingo	Ya un buitre, señor, quería hacer con él colación.
Cloro	La cruz primera bajad, y al muerto pongan sobre ella.
Judas	Si cobra la vida en ella, yo tendré por ceguedad la ley que el hebreo profesa y la sinagoga adora. Yo seré cristiano agora, si tal veo.

(Toma Mingo la primera cruz.)

Mingo	¡Oh, cómo pesa! No la llevara un Sansón, y más si sube una cuesta. ¿Quieren apostar que aquésta fue la cruz del mal ladrón?
Cloro	Ponelda encima los dos del difunto.
Elena	Dadnos luz si sois vos, divina cruz,

la que dio abrazos en Dios.

Mingo
¡Pardiós! Tan muerto se está
como su agüelo. ¿Qué espera?
que esta cruz ya salió huera.

Cloro
Sin duda esotra será
el árbol divino y santo.
Quitalda.

Mingo
Yo bien decía
que del mal ladrón sería
cruz, señor, que pesa tanto.

(Trae Mingo la segunda cruz.)

Pues ésta no le va en zaga.
Dándome va testimonio
que es la cruz del matrimonio,
segun pesa.

Cloro
En ella se haga
la experiencia apercibida.

Elena
Pues en la cruz dio a la muerte
muerte Dios, por nuestra suerte
dad a este muerto la vida,
si sois vos, mi cruz, la cierta
en quien se hizo aquesta hazaña.

Mingo
A la primera acompaña.

Irene
¿Muévese?

Mingo	Sí, a esotra puerta.
Cloro	Yo he de traer la tercera, que la fe a ello me inclina.

(Trae Cloro la cruz de Cristo.)

Elena	Esfera de Dios divina, si sois la verdadera, sacadnos de aquestas dudas.
Judas	Si ella tal milagro hiciese, sería ocasión que viese el mundo cristiano a Judas.
Cloro	Árbol que en el paraíso de vida da fruto eterno, en quien el racimo tierno su licor exprimir quiso, mostrad agora que en vos nuestra ventura hemos visto.

(Pónenla sobre Lisinio, y éste resucita.)

Lisinio	No hay más Dios que Jesucristo. Cristo es verdadero Dios.
Judas	Y yo cristiano desde hoy.
Irene	Yo la ley de Cristo sigo.
Cloro	Yo de sus glorias testigo.
Elena	Y yo mil gracias le doy.

Lisinio	Yo con penitencia larga, cruz, por vos adquiriré el bien que perdí sin fe.
Elena	Mi devoción, cruz, se encarga de haceros un templo tal, que no iguale a vuestra iglesia la antigua fábrica Efesia, ni el de Delfos le sea igual.
Cloro	Llevémosla entre los dos al Calvario, donde esté, pues en él, señora, fue el triunfo y muerte de Dios.
Elena	Con vuestro hallazgo, soberana planta, granjeó nuestra dicha la riqueza de más valor, más precio y más grandeza que de Alejandro Grecia finge y canta.
Cloro	Yo, señal misteriosa y sacrosanta, os pienso colocar en mi cabeza, cifrando en vos mi imperio y fortaleza, dando a mis sucesores dicha tanta.
Elena	No os tiene que dejar, preciosa oliva, palma, cedro y laurel, mi justo celo, pues deposito en vos el bien que he visto.
Irene	La cruz de Cristo viva.
Todos	¡La Cruz viva!

Cloro	Árbol del mejor fruto, Iris del cielo.
Todos	¡Viva la cruz adonde murió Cristo!
Cloro	Ya su hallazgo habéis visto. A su triunfo os convida y demos fin al árbol de la vida.

Fin de la comedia

Libros a la carta

A la carta es un servicio especializado para
empresas,
librerías,
bibliotecas,
editoriales
y centros de enseñanza;
y permite confeccionar libros que, por su formato y concepción, sirven a los propósitos más específicos de estas instituciones.

Las empresas nos encargan ediciones personalizadas para marketing editorial o para regalos institucionales. Y los interesados solicitan, a título personal, ediciones antiguas, o no disponibles en el mercado; y las acompañan con notas y comentarios críticos.

Las ediciones tienen como apoyo un libro de estilo con todo tipo de referencias sobre los criterios de tratamiento tipográfico aplicados a nuestros libros que puede ser consultado en Linkgua-ediciones.com.

Linkgua edita por encargo diferentes versiones de una misma obra con distintos tratamientos ortotipográficos (actualizaciones de carácter divulgativo de un clásico, o versiones estrictamente fieles a la edición original de referencia).

Este servicio de ediciones a la carta le permitirá, si usted se dedica a la enseñanza, tener una forma de hacer pública su interpretación de un texto y, sobre una versión digitalizada «base», usted podrá introducir interpretaciones del texto fuente. Es un tópico que los profesores denuncien en clase los desmanes de una edición, o vayan comentando errores de interpretación de un texto y esta es una solución útil a esa necesidad del mundo académico.

Asimismo publicamos de manera sistemática, en un mismo catálogo, tesis doctorales y actas de congresos académicos, que son distribuidas a través de nuestra Web.

El servicio de «libros a la carta» funciona de dos formas.

1. Tenemos un fondo de libros digitalizados que usted puede personalizar en tiradas de al menos cinco ejemplares. Estas personalizaciones pueden ser de todo tipo: añadir notas de clase para uso de un grupo de estudiantes, introducir logos corporativos para uso con fines de marketing empresarial, etc. etc.

2. Buscamos libros descatalogados de otras editoriales y los reeditamos en tiradas cortas a petición de un cliente.